KB058674

명품자녀로
키우는
부모력

송지희 저

21세기북스

KI신서 1799

명품자녀로 키우는 부모력

1판 1쇄 발행 2009년 4월 25일
1판 7쇄 발행 2018년 3월 12일

지은이 송지희
펴낸이 김영곤 **펴낸곳** (주)북이십일 21세기북스
정보개발본부장 정지은
출판마케팅팀 김홍선 최성환 배상현 신혜진 김선영 나은경
출판영업팀 이경희 이은혜 권오권
홍보기획팀 이혜연 최수아 김미임 박혜림 문소라 전효은 염진아 김선아
제휴팀 류승은 **제작팀** 이영민

출판등록 2000년 5월 6일 제406-2003-061호
주소 (10881) 경기도 파주시 회동길 201(문발동)
대표전화 031-955-2100 **팩스** 031-955-2151 **이메일** book21@book21.co.kr

(주)북이십일 경계를 허무는 콘텐츠 리더

21세기북스 채널에서 도서 정보와 다양한 영상자료, 이벤트를 만나세요!
장강명, 요조와 함께하는 팟캐스트 말랑한 책수다 '책, 이게 뭐라고'

페이스북 facebook.com/21cbooks **블로그** b.book21.com
인스타그램 instagram.com/21cbooks **홈페이지** www.book21.com

값 12,000원
ISBN 978-89-509-1858-3 03370

| 부모는 아이의 거울이다

아이를 낳아 손에 받아들었을 때의 기쁨과 설렘도 잠시, 아이를 기르며 힘들었던 순간과 아찔했던 고비를 떠올리면 인생에서 가장 위험했던 도전이야말로 대책 없이 엄마가 된 것이 아니었나 싶다. 긴 시간 제도 교육을 받으며 학업을 했지만 정작 부모가 되기 위한 공부는 단 1시간도 해보지 못하고 엄마가 되어버렸으니 시행착오를 겪고 답답함과 혼란을 느꼈음은 당연한 일이었는지 모르겠다. 막중하고 어려운 엄마라는 역할을 아무런 두려움 없이 떠맡은 내 자신이 얼마나 무모했는지 이제야 알 듯하다.

무식하면 용감하다고 했던가? 혼란스러움을 걷어내기 위해 나는 아이 양육에 필요한 것들을 배우고 익혔다. 그로부터 십여 년이 지난 지금 아이는 중학생이 되었다. 일상을 행복하게 꾸려가는 아이를 보면 마음이 흐뭇하다. 무엇보다도 자신을 소중하게 생각할 줄 아는 아이를 보면 사랑스럽고 예쁘지만 한편으로는 엄마로서 나 자신이 대견스럽다. 엄마의 기본기를 제법 갖추었기에 아이의 성장을 잘 도와주지 않았나 하는 생각에서다.

나를 엄마로서, 그리고 한 인간으로서 성장하고 성숙하게 만들어준 아이에게 진심으로 고맙다. 매일 갈등이 생기고 문제가 있지만 그것들을 잘 조율하며 지낼 수 있는 내 가족이 소중하고 감사하다.

그런 경험과 방법을 아이를 기르는 부모님들과 나누기 위해 나는 수년간 부모교육 프로그램을 진행해오고 있다. 부모교육을 받으며 부모들은 아이를 깊이 이해하게 되고 상처받은 자신의 모습도 발견하게 된다. 갈등을 해결하는 소통방법을 배워 체증이 걸린 듯 답답하던 아이와의 관계를 회복하고, 이혼까지 생각하던 부부가 서로 관계를 치유할 힘도 얻는다. 아이의 주도성을 키워주기 위해 부모가 기다리며 참는 힘도 기를 수 있게 되고 자신의 화를 조절하는 방법도 터득해나간다. 부모 자신의 마음이 변하고 태도가 바뀌니 자연스럽게 생활에 활력이 솟아나고 아이들의 삶도 의욕적으로 바뀌어가는 것을 확인할 수 있다.

아이들이 잘 자라기 위해서는 주변의 따뜻한 보살핌이 필요하다. 예전 같으면 할머니, 할아버지, 친척, 이웃 등이 부모의 부족한 부분을 보충해주기도 하고 부모의 힘이 못 미칠 때 부모의 역할을 대신해주기도 했다. 주변에 아이를 사랑해줄 수 있는 인적 자원이 많았기 때문에 아이들은 부모의 관심에 부족함을 느끼지 못하고 자랄 수 있었다.

그러나 요즘처럼 핵가족화되고 폐쇄적인 공간에서 생활하는 아이들에게는 자신을 돌봐줄 인적 자원이 절대적으로 부족하다. 아빠들이 생활전선에서 뛰느라 가정에 관심을 쏟기가 힘들어지면서 엄마의 역할은 훨씬 더 중요해지고 있다. 엄마는 아빠, 이모, 삼촌, 할머니, 할아버지의 역할을 모두 감당해야 하는 막중한 부담을 안고 아이들을 양육하는 것이다.

30~40대 주부들 상당수에게 우울증이 있다는 통계조사 결과는 엄마로서의 부담과 스트레스가 얼마나 심각한지를 짐작하게 한다. 실지로 부모교육 프로그램에서 만나는 엄마들은 심리적으로 많이 힘들어한다. 아이 양육을 혼자 감당해야 하는 부담감과 각종 교육정보의 홍수 속에서 내 아이를 잘 기르고 싶은 욕망이 뒤엉켜 방향을 잡지 못하고 혼란스러워하고 있다. 엄마 자신이 가치관을 바로 세우지 못하고 정보의 홍수 속에 뒤섞여 있다 보니 아이의 성장을 제대로 도와주지 못하고 아이에게도 시행착오를 겪게 하는 상황이 빈번해지고 있다. 엄마의 역할이 중요해진 만큼 아이 양육에 대한 엄마 자신의 생각과 가치관이 아이 성장에 절대적인 영향을 주고 있다.

요즘은 부모가 힘들어하는 만큼 아이도 힘들어한다. 부모의 다양한 기대 수준에 맞추어 자신의 눈높이에 맞지 않는 과제를 수행해야 하고, 흥미와 전혀 관계없는 것들을 배워야 하는 스트레스에 시달린다.

부모의 기대가 아이의 기질, 능력과 달라 갈등이 생기고 그 갈등을 제대로 해결하지 못하면 부모 자식의 관계는 단절되고 만다. 이때 생기는 여러 가지 문제를 속 시원하게 해결해줄 수 있는 사람을 찾기는 어렵다.

이 책에는 현실에서 부딪치는 문제를 해결하기 위해 부모님들과 나눈 사례를 많이 실었다. 이를 통해 부모들이 다양한 문제를 원만하게 해결하고, 아이와 함께 사랑을 나누며 행복한 관계를 회복할 수 있는 방법을 찾을 수 있기를 바란다. 부모가 아이 양육에 대해 방향을 제대로 잡으면 생활 속에서 겪는 갈등을 해결하는 데 유능감을 얻을 수 있다. 부모들은 아이가 자신의 문제를 스스로 해결하도록 도와줄 수 있는 역량을 쌓아가고 부모 자신도 자신의 역할에 자신감이 충만해지는 것을 확인할 수 있을 것이다.

부모에게 아이들은 모두 왕자와 공주로 세상에 태어난다. 부모가 아이를 제대로 이해하고 아이와 원만한 관계를 맺게 되면 아이는 자신의 잠재력을 실현해가는 리더로 성장할 수 있다. 아이가 미래에 맺을 다양한 사회적 관계의 기본 틀은 부모와의 관계에서 시작된다. 아이를 자신의 소유물이 아닌 한 사람의 인격체로 존중해주면서 원만한 소통의 관계를 만들어간다면 아이도 타인을 존중하고 수용하며 건전한 인간관계를 형성해나갈 것이다.

부모는 아이의 거울과 같다. 아이는 부모의 모습을 보면서 세상을 배워나간다. 아이가 잘 자라기를 바란다면 부모가 먼저 역량과 자신감을 쌓아야 한다. 그 힘을 바탕으로 아이가 적극적이고 자발적이며 타인을 도울 수 있고 주도적으로 문제를 해결할 수 있는 미래의 리더로 성장하도록 도와주는 부모가 되기를 바란다.

이책의 출판을 허락해주신 21세기북스 김영곤 대표님과 나은경 팀장님, 이여진 씨 등 생활문화팀 가족들께 감사의 마음을 전한다.

2009년 4월 송지희

차 례

제 1 장

긍정의 힘을 기른다

제2장

소통의 힘을
기른다

긍정의 힘을 기른다

1

아이는 부모의 소유물이 아니다.
국화꽃이 장미가 될 수 없다.
아무리 물을 주고 가꾸어도 다른 꽃이 될 수는 없는 것이다.
자녀의 독특한 기질적 특성을 무시한 채
부모의 가치관을 주입시키려 해서는 안 된다.
인간은 누구나 독립적인 개체이며 각자 자신의 삶의 목적이 있다.
그렇기 때문에 아이는 부모와 다른 기질을 가지고 세상에 태어나기도 한다.
부모는 아이가 자신의 모습대로 세상 속에서 자아실현을 해 나가도록
아이를 있는 모습 그대로 받아들이고 인정해야 한다.

부모의 말이
문서다

아이가 그림을 그리고 있다. 여섯 살 남자아이가 그리는 그림은 아직 형태가 불분명하고 미숙하기 십상이다. 아이는 자기가 보았던 비행기를 여러 가지 색깔로 표현한 뒤, 자신의 그림에 꽤 만족한 듯 엄마에게 달려가 말한다.

"엄마, 내가 비행기 그렸어."

이때 부모는 어떤 반응을 보이는가?

"이게 뭐야? 뭘 그렸는지 알아볼 수가 없잖아. 발로 그렸니, 손으로 그렸니? 제대로 좀 그려봐."

"우와, 멋진 비행기를 그렸구나. 이 비행기 엄마랑 함께 타면 정말 신나겠다."

아이는 어떤 말에 자신감을 갖게 될까? 당연히 후자일 것이다. 자신의 기대대로 부모의 인정과 칭찬이 돌아온다면 아이는 그림 그리기에 더욱 흥미를 느끼게 되고 의욕적인 아이로 자랄 것이다.

그런데 부모는 흔히 아이가 잘한 것을 칭찬해주기보다는 미숙한 점이나 부족한 것들을 지적해서 고쳐주려고 한다. 아이가 잘한 것보다는 못한 부분이 더욱 크게 보이는 것이다. 그러나 부모가 부정적인 반응을 보이면 아이의 내면에는 열등감이 쌓이고, 점차 의욕을 잃게 된다. 부모의 부정적인 말들은 부정적인 생각을 강화시켜 부정적인 삶의 태도를 갖게 만든다. 부정적인 태도로는 성취하는 삶을 살아가기 어렵다.

에모토 마사루의 《물은 답을 알고 있다》라는 책에서는 사람이 하는 말 속에 에너지가 담겨 있음을 물 결정 사진으로 증명해 보인다. "사랑해, 고맙습니다, 천사" 등 긍정적인 말을 들려준 물은 육각형의 보석처럼 아름다운 결정을 만든 반면 "미워, 망할 놈, 저리가" 등 부정적인 말을 들려준 물은 결정이 만들어지지 않고 혼탁한 모습을 보여주었다.

사람 몸의 70퍼센트가 물로 구성되어 있음을 상기해본다면 우리 몸 안의 에너지는 결국 몸속에 있는 물의 영향을 받음을 알 수 있다. 물의 파동을 연구하는 한 전문가는 "내가 마시는 물이 곧 나다"라고 말하기도 했다. 그러니 우리 몸의 에너지를 생기 있고 활력 넘치게 만들어주려면 결국 좋은 말, 긍정적인 말을 많이 들려주어야 한다. 긍정적인 말을 들으면 몸을 구성하는 체액이 건강하게 바뀌고 뇌에서는 쾌감신경 전달물질이 분비되어 기분을 좋게 만들어준다. 그러면 생활이 기쁨과 의욕으로 충만하게 된다.

부모가 아이에게 들려주는 말을 살펴보자. 얼마만큼 적극적으로 아이를 긍정적으로 읽어주는가?

아이를 강점 시각으로 바라보자

다음 그림에서 무엇이 보이는가? 깃털모자를 쓴 아름다운 여인의 옆모습이 보이기도 하고, 매부리코를 한 늙은 노파의 옆모습이 보이기도 할 것이다. 같은 그림이지만 사람의 관점에 따라 그림이 다르게 보인다. 마찬가지로 부모의 관점에 따라 아이가 긍정적으로 보일 수도 있고 부정적으로 보일 수도 있다. 부모가 아이를 약점 시각이 아니라 강점 시각으로 바라볼 수 있다면 아이는 부모의 시선 속에서 스스로를 소중하게 여기는 자존감을 높여가고 일상 속에서 다

양한 경험을 하면서 자신감을 키워가게 될 것이다. 컵에 물이 반쯤 있을 때 반밖에 남지 않았다고 볼 수도 있지만, 절반이나 남았다고 볼 수 있는 것처럼 아이를 보는 부모의 시각을 전환해 보자.

실지로 한 엄마는 초등학교 3학년인 딸아이가 행동이 느려서 늘 그 문제를 지적해왔다. 특히 아침에 왜 이렇게 늦느냐며 아이를 재촉하고 혼내고 다그쳐도 아이의 느린 행동은 바뀌지 않았다. 부모교육 프로그램에 참여한 뒤 그 엄마는 "우리 아이는 느려, 빨리 하지 못해"라고 생각하던 부정적인 시각을 "우리 아이는 느긋해, 여유가 있어"라는 긍정적인 시각으로 바꾸기로 했다.

어느 날 아침 아이가 학교 갈 준비를 하는 데 "빨리 해, 왜 이렇게 느려"라는 잔소리 대신 "넌 참 여유가 있어. 서두르지 않고 느긋하게 준비하는 모습이 보기 좋아"라고 말해주었더니 아이의 얼굴에 환한 미소가 번지면서 아이는 기분 좋게 학교 갈 준비를 했다고 한다. 엄마는 아이가 천천히 준비할 수 있도록 20분 앞당겨 잠자리에서 일어나게 했고, 차근차근 준비하게 도와주었다. 아이가 대문을 나서며 활짝 웃는 모습이 그렇게 밝고 예쁠 수가 없었다. 엄마가 조급하게 서두르지 않아도 아이는 학교에 늦지 않고 제시간에 갈 수 있게 되었다.

"말이 씨가 된다"는 속담이 있다. 말에는 미래의 결과를 예언하는 어떤 힘이 있다는 뜻일 것이다. 그러니 부모는 아이에게 미래에 대해 긍정적인 기대를 담은 말을 해주어야 한다. 긍정적인 기대를 하면 그만큼 긍정적인 결과를 이루어낸다.

'알파걸'이라는 신조어가 유행한 적이 있다. 자신의 분야에서 두각을 나타내는 여성들을 일컫는 말이다. 행정고시에서 여성의 합격률이 남성의 합격률을 앞지르는 현상이 나타나고 남성의 전유물처럼 여기던 분야에서 여성들도 남성 못지않은 기량을 뽐내고 있다. 최근에는 우리나라 최초로 여성 기장이 2명 탄생하기도 했다. 그런데 왜 이렇게 여성들의 능력이 탁월해졌을까? 갑자기 여성들이 똑똑해지거나 우수해진 것일까?

여성들이 각 분야에서 탁월함을 나타낼 수 있게 된 이유는 딸을 기르는 부모의 의식이 바뀌었기 때문이다. 예전에 딸을 둔 부모는 딸에 대한 기대가 별로 크지 않았다. 그저 남편 잘 만나 좋은 아내, 좋은 엄마가 되면 그만이라 생각했다. 그래서 "여자는 뒤웅박 팔자"라는 말을 하기도 했다. 그러니 딸들은 자신의 잠재력을 실험해볼 수도 없었고 능력을 발휘할 기회도 갖지 못했다.

그러나 요즘 부모들은 아들 딸을 차별하지 않고 아이들을 기른다. 아들에게 기대하는 만큼 딸에 대한 기대도 높다. 부모의 기대와 지지를 받고 자란 딸들은 본래 자신이 갖고 있던 잠재력을 발휘할 수 있게 되었고 사회에서 필요한 인재로 성장할 수 있게 되었다. 부모의 가부장적인 시각이 바뀌니 아들, 딸에 대한 차별의식이 사라지게 된 것이다.

아이들의 자의식은 부모가 바라보는 시선에 의해 형성된다.

늘 긍정적인 시각으로 아이를 바라본다면 산만함을 호기심이 많은 것으로, 소심함을 신중함으로 전환하여 볼 수 있지 않을까?

부모들이여, 아이가 자신의 미래에 대해 긍정적인 기대를 하고 긍정적인 예언을 할 수 있는 말을 수시로 들려주자. 그 말들은 아이의 내면에 자신의 삶을 구성하는 중요한 문서로 각인될 것이다.

우리 아이가 초등학교를 졸업할 때 받은 상이 '성실상'이다. 요즘은 아이들 졸업식 때 우등상, 개근상 대신 아이들이 받고 싶은 상을 스스로 정하게 해서 모든 졸업생이 상을 받을 수 있도록 배려한다. 누구도 소외되지 않는 졸업식장이 되어서 참석한 학부모들 모두 흐뭇해하고 행복해했다. 아이는 졸업식 전에 자신이 받고 싶은 상에 성실상을 적었다고 했다. 나는 아이가 자신의 강점을 잘 알고 있는 듯해 기뻐서 칭찬을 듬뿍 해주었다.

"그래, 우리 딸은 학교생활을 정말 성실하게 잘해냈어. 네가 맡은 일은 끝까지 책임지고 완수하려고 노력하고, 학교 과제도 충실히 해냈어. 정말 너에게 딱 맞는 상인 것 같아."

아이는 엄마의 칭찬에 더욱 신나 했고 자신의 선택에 무척 만족해했다. 아이는 때때로 고지식할 정도로 자신의 일을 완수하려고 애쓴다. 중학교에 가서 1학기 때 선도부가 되어 선도부 생활을 잘해내더니 2학기 때 다시 선도부가 되었다. 아이는 학교 앞 건널목을 지키는 일을 맡았는데 다른 아이들보다 30분이나 일찍 나가야 하는 고단한 일을 한 번도 지각하지 않고 잘해내었다. 요령 피우는 일을 모르는 아이를 보면 때로 답답하게 느껴질 때도 있으나 나는 아이에게 이렇게 말해준다.

"성실함은 너의 큰 자산이야. 성실함은 너를 반짝반짝 빛나게 해주고 언젠가 네 인생에서 더 큰 빛을 발휘하게 해줄 거야."

아이는 뭐든 자신이 정한 일을 꾸준하게 해내는 것에 자부심이 커져가고 학교에 필요한 사람이 되어가고 있다는 자랑스러움도 느끼는 듯하다.

어떤 아이든 자기만의 장점을 가지고 있다. 아이가 갖고 있는 보석을 잘 찾아내어 반짝반짝 빛나게 해주는 부모가 되자. 부모의 욕심이 앞서면 아이의 보석은 보이지 않는다. 부모의 욕심을 내려놓고 아이가 가진 특성을 약점이 아닌 강점의 시각으로 인정해준다면 아이는 자신을 좋아하고 자신의 소중함을 잘 알며 행복하게 자랄 것이다.

약점 시각을 강점 시각으로 바꾸기

"우리 아이는 느려" → "우리 아이는 느긋해, 여유가 있어."

"우리 아이는 소극적이야." → "우리 아이는 신중해."

"우리 아이는 산만해." → "우리 아이는 호기심이 많아."

"우리 아이는 이기적이야." → "우리 아이는 욕구가 강해."

평생을 살아가는 힘, 정서자산을 채워주자

요즘 나라 안팎에서 경제 불황 때문에 신음하는 소리가 심각하다. 경기가 침체되면 너나 할 것 없이 고통스러운 상황에 처한다. 사람들은 허리띠를 졸라매고 불황에서 살아남기 위해 안간힘을 쏟아붓는다.

가계 수입은 늘지 않는데 물가는 오르니 가계 소비 지출이 줄어드는 것은 당연한 일이다. 그런데 걱정되는 통계 자료가 하나있다. 가계 소비가 줄어드는데도 교육비 지출은 오히려 늘어난 것이다. 물가가 상승하니 학원비도 올라간다. 그런데 부모들은 덜먹고 덜 쓰면서 아이 교육에 대한 투자만큼은 줄이지 않는다. 가정 경제는 점점 주름살이 늘어나고 부모의 어깨는 더욱 무거워진다. 부모는 아이 교육비를 대느라 노후 대책은 꿈도 못 꾼다. 아이를 기르는 일이 이렇게 힘겹고 버겁다면 누구도 부모 되기를 꺼려할 것이다.

부모는 아이가 세상에서 필요한 사람이 되도록 잘 키워야 한다. 그렇다고 아이를 위한 진정한 교육이 돈으로만 해결되는 문제는 아니다. 아이를 위한 진정한 투자가 어떤 것인지를 곰곰이 생각해봤으면 한다.

나는 부모교육을 진행할 때 이런 비유를 한다. 재산을 100억 가진 사람이 펀드에 1억 원을 투자해서 손실을 봤다면 투자 손실에 대한 상실감은 어느 정도 될까? 잃어버린 돈이 아깝기는 하겠지만 죽고 싶을 만큼의 절망감에 사로잡히지는 않을 것이다. 왜냐하면 아직 자신에게는 99억 원이라는 재산이 남아 있기 때문이다. 다음에 손실을 보지 않기 위해 비싼 수업료를 지불했다고 생각하고 오히려 현명하게 투자하는 기회로 삼을 수도 있다.

그런데 전 재산이 1억 원인 사람이 펀드에 투자해서 전액 손실을 봤다면 그의 상실감은 어떠할까? 아마 삶을 포기하고 싶을 만큼 좌절감과 허탈감을 느낄 것이다. 폐인이 되거나 노숙자로 전락하거나 스스로 목숨을 끊을 수도 있다. 요즘 연일 투자 손실을 비관한 자살 사건이 잇따르고 있다. 노후 자금 1억 원을 펀드에 투자했다가 몽땅 날려 공원 나무에 목을 매려다가 경찰에게 발견된 노인의 사연이 보도되었다. 살아가기 위해 돈은 그만큼 중요한 도구이기 때문에 돈을 잃었을 때의 상실감도 클 것이다.

그러나 사람이 살아가는 데 경제적·물질적인 조건도 중요하지만 더욱 중요한 것은 정서자산이다. 사업에 실패하거나 큰 좌절에 부딪혔을 때 어떤 사람은 굳은 의지로 재기에 성공하지만, 어떤 사람은 목숨을 끊거나 삶을 포기한다. 그 차이는 어디에서 기인하는 것일까? 바로 그 사람이 가지고 있는 정서자산의 양 때문이다. 앞서 예로 든 100억 재산가와 1억을 가진 사람이 똑같이 돈을 잃었는데도 상실감에서 큰 차이가 나듯이, 인생에서 고통스러운 경험을 하거나 장애물을 만났을 때 그 사람의 정서자산이 얼마만큼이냐에 따라 그 이후의 삶은 달라질 수 있다.

정서자산이 두둑한 사람은 실패나 좌절, 고통스러운 상황을 이겨낼 만한 내공이 충분하다. 왜냐하면 그 사람의 정서에는 행복통장이라는 정서자산이 충분히 비축되어 있기 때문이다. 힘든 상황을 어떻게 이겨나갈까, 어떻게 하면 다시 일어설 수 있을까를 궁리하며 다시 힘을 낼 수 있다. 반대로 정서자산이 빈약한 사람은 작은 실패에도 넘어지고 굴복해버린다. 그의 정서에는 불행통장이라는 마이너스 자산밖에 없기 때문이다.

우리 아이가 인생이라는 긴 항해를 해나가며 예상하지 못한 어려움을 만났을 때 그것을 이겨나갈 수 있는 힘을 갖게 하려면 부모는 어떤 지혜를 가져야 할까? 모든 것을 돈으로 해결해주려는 안이한 태도는 아이를 한없이 나약한 존재로 만들게 된다. 아이가 실수하더라도 믿고 격려하며 다시 해볼 수 있게 기다려주고, 아이를 존재 자체로 사랑해주며, 부모의 뜻대로 아이를 조종하려고 하지 않고 아이가 원하는 바를 스스로 성취하도록 도와준다면 우리 아이의 정서자산은 무한대로 커질 것이다.

부모교육 프로그램에 참여했던 분의 사례다. 삼십대 중반의 시동생이 있는데 뚜렷한 직업 없이 노모에게 의지해 살고 있다. 결혼도 했고 아이도 낳았지만 가장으로서 책임감은 없다. 그는 어머니의 재산을 사업이다, 투자다 하며 거의 모두 날리고 최근에는 주식투자에 실패해 빚까지 져서 어머니가 살고 있는 집마저 날리게

되었다는 것이다. 다급해진 시동생은 형인 자신의 남편에게 손을 벌려 가뜩이나 어려운 형편에 난감하다는 것이었다.

그 시동생이 자라온 과정을 들어보니 어렸을 때 아버지가 돌아가신 것을 가엾게 여긴 어머니가 시동생이 해달라는 것을 모두 해주며 키웠다고 한다. 아버지가 재산을 넉넉하게 남겨주었지만 시동생이 일을 벌여 수습이 곤란할 때면 으레 어머니가 돈으로 해결해주다보니 이젠 아무것도 남아 있지 않았다.

귀한 자식을 오냐오냐 하며 돈으로 키워왔던 어머니의 판단 착오가 아들을 현재의 상황에 처하게 한 것이다. 아버지 없는 아들을

측은해하기보다는 더욱 강해질 수 있는 기회로 삼아 부모 도움 없이 자신의 삶을 개척하도록 도와주었더라면 그 어머니의 노후는 좀 더 편안했을 텐데 하는 생각을 하니 안타까운 마음이 들었다.

인생은 긴 항해와 같다. 삶은 항상 잔잔하고 고요하지만은 않다. 큰 파도가 밀려오기도 하고 악천후를 만나기도 한다. 우리 아이가 자신의 인생에서 키를 놓지 않고 목적지까지 잘 도달하게 하려면 어린 시절에 아이 내면에 무한대의 정서자산을 키워놓아야 한다. 그러면 홀로 독립하여 살아갈 때 평생을 살아나가는 든든한 밑바탕이 되어줄 것이다.

부모가 주는 정서자산은 고갈되지 않는다. 정서자산은 물질적인 재산의 소유와 무관하게 부모라면 누구나 아이에게 줄 수 있는 무형의 재산이며 누구도 빼앗아갈 수 없는 영구한 재산이다. 많은 재산을 유산으로 물려주어도 지켜낼 능력이 없다면 그것을 잃고 만다. 지혜롭고 훌륭한 부모가 되려면 유형의 재산보다 더 가치 있는 무형의 재산을 키워주어야 한다. 정서자산은 그 사람이 이루어내고자 하는 모든 것의 기초가 되기 때문이다.

내 재산이
충분해야 남에게
베풀 수 있다

어릴 적 형제끼리 싸우지 않고 자란 사람은 거의 없을 것이다. 형제가 서로 다투고 미워하다가 다시 화해하는 일은 어쩌면 너무나 당연하다. 형제간의 다툼은 성장하는 데 필연적인 과정이다. 어떤 심리학자는 '형제는 본질적으로 서로 사랑할 수 없는 존재'라고 했다. 왜냐하면 한정된 자원을 나눠 써야 하기 때문이다. 부모를 나눠가져야 하기 때문에 서로 미워하고 싸우는 일은 너무나 당연해서 서로 좋아할 수 없다는 것이다.

그런데 우애가 좋은 형제도 있다. 형제간에 사이가 좋고 서로 양보할 수 있는 이유는 부모가 아이들 각자에게 사랑을 충분히 나눠주기 때문이다. 인간은 나를 좋아해주는 사람에게 보답하고 싶어 하고 그 사람에게 좋은 사람이 되고 싶어 한다. 아이들도 자신에게 무조건적인 사랑을 주는 부모가 원하는 '사이 좋은 형제'가 되기 위해 노력한다. 아이는 부모의 충만한 사랑이 있기에 심리적인 결핍감을 느끼지 않는다. 형제들이 서로 좋아해서라기보다는 부모의 사랑이 있으므로 양보하고 타협하는 것이다.

어느 가수의 인터뷰를 본 적이 있다. 어릴 적 그의 집안은 형편이 어려워서 부모님이 여섯 형제를 키우느라 고생을 무척 많이 하셨다고 한다. 그런데 그 형제들은 서로 아끼고 사랑했다. 부모님에게 고맙다고 생각하는 것이 무엇인지를 묻자 형제들은 한결같이 '부모님이 자신을 외둥이처럼 길러주셨다'라고 말했다. 집안 형편이 어려웠지만 누구도 소외당하거나 사랑이 결핍되지 않도록 부모가 모든 자식에게 관심을 보여주었다는 이야기에 나는 감동받았다.

자식 사랑은 물질만으로 다할 수 없다. 물질적으로 풍요로워도 부모의 지극한 사랑이 없으면 아이들은 정서적인 결핍을 느낀다. 그 결핍감은 열등감을 자극하여 마음의 장애가 되기도 한다.

아이를 잘 기르려면 어느 아이도 자라면서 억울하게 느끼지 않도록 해야 한다. 부모에게서 받아야 할 사랑을 형제에게 빼앗기는 것을 좋아할 아이는 없다. 아이는 자신에게 가장 중요한 대상인 부모를 독차지하고 싶어 한다. 그런데 형제 때문에 온전히 사랑받고자 하는 욕구를 훼손당하면 아이는 억울한 마음이 들게 되고 엄마를 빼앗아가는 다른 형제가 미워질 수밖에 없다. 그래서 형제들은 서로 질투하고 싸운다. 아이들이 흔히 하는 질문이 있다.

"나하고 동생 중에 누가 더 예뻐?"

아이들의 어리석은 질문에 부모는 어떻게 반응하는가?

"똑같이 예뻐" 하고 대답하기가 십상이다. 그런데 아이는 이 대답이 만족스러울까? 아이는 부모에게서 어떤 말을 듣고 싶어서 이런 질문을 했을까?

아이들의 일상은 부모의 사랑을 받기 위한 전쟁의 연속이다. 아이가 이런 어리석은 질문을 할 때 현명한 부모는 '어떤 대답을 해주어야 아이가 만족할 수 있을까?'를 고민한다. 부모가 하고 싶은 말이 아니라 아이가 듣고 싶어 하는 말을 해주어야 지혜로운 부모라고 할 수 있다.

"엄마는 네가 정말 좋아. 하늘만큼 사랑해."

"너는 웃는 모습이 제일 예뻐."

"똑같이 예뻐"라는 대답보다는 아이의 유일함을 인정해주는 말로 되돌려준다면 아이는 부모에게 자신이 충분히 사랑받고 있음을 확인하고 기분 좋아한다. 그런 만족감이 형제간의 우애를 더 두텁게 만들 수 있다.

형제와 비교당하지 않고 부모에게 온전히 받아들여지고 있다는 느낌은 아이의 자존감을 강화시켜준다. 남을 돕고 싶어도 내 재산이 부족하면 도울 수 없다. 형제들과 서로 나누고 양보하며 사랑하는 아이로 키우려면 부모가 "너는 형이니까 동생에게 양보해", "넌 동생이니까 형한테 잘해"라고 말하기 전에 먼저 아이의 정서 재산을 듬뿍 채워주어야 한다. 나의 정서재산이 충분해지면 다른 형제를 배려하고 양보도 할 수 있게 된다.

부모가 아이에게 사랑을 줄 수 있는 가장 좋은 방법은 바로 칭찬이다. 매일 칭찬을 들려주면 아이들은 심리적인 결핍감 없이 건강하게 자라날 수 있다. 칭찬은 귀로 먹는 보약이라고 한다. 몸 건강을 위해 밥을 먹이듯 정서적인 건강을 위해 칭찬 비타민을 주자.

아이의 존재 자체를 긍정한다

아이는 각자 이 세상에 유일한 존재다. 아이가 똑똑하든 그렇지 않든, 잘생겼든 못생겼든 아이는 사랑받기 위해 이 세상에 태어났다. 조건 없이 아이를 칭찬해주자. 부모가 들려주는 무조건적인 칭찬은 아이의 자존감을 키워주고 자긍심을 높여준다.

"엄마는 네가 엄마 딸(아들)이어서 행복해."

"너는 아빠의 보물이야."

"엄마는 너를 보면 가슴에 별이 반짝거려."

"아빠는 네가 있어서 세상 어떤 것도 부럽지 않아."

이런 말들은 아이의 마음속에 부모의 어록으로 남는다. 아이가 힘든 일을 겪을 때 부모가 들려준 보석 같은 말이 가슴에서 살아나 아이를 일으켜 세우는 힘이 된다. 아이는 부모에게서 이런 말을 들으며 자신을 좋아하게 된다. 자신이 가치 있는 사람이고 괜찮은 사람이라고 생각하는 아이는 자존감이 높다.

아이의 행동을 긍정적으로 읽어준다

아이의 긍정적인 행동을 무심히 지나치거나 당연하게 생각하지 말고 구체적인 말로 표현해준다. 이때 "잘했어", "고마워"라고 건성으로 칭찬하기보다는 아이의 행동을 구체적으로 묘사해준다. 아이의 행동을 잘했다, 못했다로 평가하지 말고 그 자체로 읽어주기만 해도 칭찬이 된다. 아이들은 부모의 인정을 받은 그 행동을 다시 하고 싶어지고, 부모의 강화를 받은 행동을 더 하게 된다. 칭찬을 반복해서 듣다보면 긍정적인 행동이 몸에 배게 된다.

부모교육 시간에 부모들이 의외로 어려워하는 것이 아이 칭찬하기다. 아이들의 칭찬거리를 글로 써보고 자주 하다보면 칭찬하는 기술도 늘어난다.

"엄마가 깨우지 않아도 혼자서 일어났구나."

"밥을 다 먹었네."

"어머, 그 옷 참 잘 어울린다."

"친구랑 신나게 노는구나."

"어느새 숙제를 다 했네."

아이 칭찬하기를 쑥스러워하거나 부끄럽게 생각하는 부모들도 있는데, 칭찬을 자주 들어봐야 다른 사람을 칭찬할 줄도 안다. 긍정적인 말을 잘 나눌 줄 아는 사람이 인간관계도 원만하다. 아이들은 칭찬을 먹고 자란다는 사실을 기억하자. 처음에는 다소 쑥스러울 수 있지만 자주 하다보면 익숙해진다. 그리고 어느 날 아이는 자신이 들었던 칭찬을 부모에게 들려줄 것이다.

실패했을 때 격려한다

아이들이 잘한 행동을 칭찬하는 것은 당연하다. 그러나 아이가 잘해내지 못했거나, 실패했을 때도 긍정적인 말을 들려주자. 실패했을 때 해주는 격려의 말은 아이에게 더 큰 용기를 준다. 자신의 실수를 받아들이고 다시 한 번 할 수 있다는 자신감을 준다.

"괜찮아."

"다시 하면 돼."

"처음부터 잘하는 사람은 없어."

"아빠가 도와줄게."

"잘해낼 수 있어."

과잉 칭찬은 독이 된다

칭찬은 아이를 긍정적으로 자라게 만들지만 과잉 칭찬은 오히려 부작용을 낳기도 한다. 아이의 옳지 못한 행동도 "오냐오냐" 받아들이거나 "무엇을 하든 네가 최고야"라는 식의 무조건적인 칭찬은 아이로 하여금 비현실적인 자아상을 갖게 만든다. 현실의 자신을 받아들이고 더 노력하기보다는 내 뜻대로 안 되는 세상을 탓하거나 책임을 타인에게 돌린다. 또 무엇이든 잘했다는 부모의 과잉 칭찬이 아이에게 부담이 되기도 한다. 칭찬을 들어야 한다는 부담 때문에 잘하지 못할까봐 위축되기도 한다.

아이가 옳지 못한 행동을 하면 다음에는 올바르게 행동하도록 가르치는 것도 중요하다. 아이가 상처받지 않도록 아이의 행동에 초점을 맞추어 잘못한 점을 지적해주고 부모의 사랑을 전해주면 아이는 안정감 있게 자랄 것이다.

일관성 있게 칭찬한다

부모의 칭찬은 일관성이 있어야 한다. 부모의 기분에 따라 같은 행동을 했는데도 칭찬을 했다, 야단을 쳤다 하면 아이는 자신의 행동에 대한 바른 기준을 세울 수 없어 혼란스러워한다. 부모가 일관된 기준을 세우고 아이의 행동에 대해 같은 반응을 해주어야 한다. 그래야 그것이 아이가 세상을 살아나가는 안전한 울타리가 될 수 있다.

아이들의
일상은 사랑받기 위한
전쟁의 연속이다

　부모들은 자녀 가운데 더 예쁜 아이도 있고 덜 예쁜 아이도 있다고 고백한다. 열 손가락 깨물어서 안 아픈 손가락이 없다지만 마음속을 들여다보면 분명 정이 더 가는 아이와 덜 가는 아이가 있게 마련이다. 내 자식이지만 사랑이 늘 공정하고 공평하게 전달될 수는 없는 노릇이다.

　부모에게 더 많이 사랑받는 아이들은 대개 부모가 원하는 대로 잘 따르고 부모와 코드가 잘 맞는다. 반대로 부모에게서 사랑을 덜 받는 아이들은 대개 부모의 말을 잘 따르지 않고 자기 마음대로 하려고 해서 부모의 기대에 못 미친다.

　그런데 아이들은 본능적으로 부모의 사랑을 원한다. 자신이 원하는 사랑을 부모에게서 적절하게 받으면 아이는 정서적으로 건강하게 자랄 수 있다. 그러나 부모의 사랑이 부족하다고 느끼면 아이는 정서적으로 결핍되어 이후 사회생활에서 어려움을 느끼게 되기 쉽다. 인간은 보살핌과 사랑이 필요한 존재다. 보살핌이 없는 상태는 심리적인 죽음의 상태라고 말한다. 아무리 신체적으로 영양 상태가 좋다 하더라도 사랑과 보살핌이 결핍되면 인간은 건강하게 살아가기가 어렵다. 따라서 부모에게 많은 것을 의존해야 하는 아이는 부모의 사랑과 보살핌을 충분히 받는 것이 건강한 음식을 먹는 것만큼 필수적이다.

그런데 부모들은 가끔 호소한다. 아이가 부모의 기대치만큼 잘 따라오면 칭찬도 듬뿍 해주고 예뻐해줄 텐데 그렇지를 않으니 마음과 달리 아이를 칭찬하거나 아이에게 긍정적인 마음을 갖기가 어렵다고 한다.

아이에게 필요한 사랑을 충분히 줄 수 있으려면 우선 아이와 부모는 타고난 기질이 다를 수 있다는 사실을 인정해야 한다. 부모와 기질이 비슷해서 코드가 잘 맞는 아이도 있지만, 부모와 정반대의 기질을 타고난 아이도 있다. 순하고 조용한 기질을 타고난 엄마는 활동적이고 외향적인 아이를 보는 마음이 편치 않을 수 있다. 조용한 기질을 타고난 엄마는 행동이 앞서 나가는 아이를 보면 마음이 불안해져서 아이를 통제하려고 든다. 아이의 타고난 기질에서 나오는 행동을 엄마는 수용하지 못하고 문제점으로 보게 된다.

그래서 어떻게든 고쳐보려고 아이를 혼내고 야단친다. 수없이 잔소리하고 통제하지만 아이에게 효과가 없으면 엄마는 아이를 포기하거나 아이에게 냉담해져버린다.

아이는 마음의 등을 돌린 엄마에게서 사랑을 확인하고자 여러 시도를 하게 되는데 그것은 주로 부모가 싫어하는 '미운 짓'인 경우가 많다. 예쁜 짓을 해도 사랑을 줄까 말까 한데 미운 짓만 하는 아이가 부모 눈에 곱게 보일 리 없다. 그래서 부모는 칭찬이나 긍정적인 관심 대신 아이의 미운 짓에 분노하고 때로는 매를 들어 벌을 가하기도 한다. 그렇게 혼을 내도 아이의 미운 행동은 더욱 잦아지고 반복된다. 이쯤 되면 집 안 분위기는 지옥처럼 되어버린다. 아이는 왜 부모가 싫어하는 미운 짓을 그만두지 못하고 계속 반복하는 것일까? 그 이유는 부모의 사랑이 필요하기 때문이다.

부모에게 강화받은 행동은 반복된다

부모가 아이의 행동을 늘 혼내거나 잘못한 점을 따끔하게 훈계하는 반면 잘한 행동은 칭찬하지 않는다면 아이는 부모가 자신을 혼내고 벌줄 때 부모의 사랑과 관심을 경험한다. 잘한 행동에 부모가 관심을 보이지 않고 잘못한 것만을 지적한다면 아이는 그 행동을 더욱 강화한다. 아이는 부모의 관심이 필요한 존재이기 때문에 부모에게서 강화를 받은 행동을 더욱 반복하는 것이다.

아이의 행동을 긍정적인 방향으로 바꾸고 싶다면 잘못한 점을 지적하고 혼내기보다는 잘한 행동을 인정하고 칭찬해주어야 한다. 아이의 잘한 행동을 칭찬해줌으로써 긍정적인 피드백을 해준다면 아이는 그 행동을 하면 부모의 사랑과 관심을 받을 수 있다는 것을 알게 되어 그것을 반복함으로써 점점 강화되어 나간다.

아이가 행동이 앞설 때, 그 이유와 동기를 충분히 읽어주어야 한다. 그러면 아이는 엄마가 자신을 받아들인다고 느끼고 안심하게 된다.

"여기 올라가 보고 싶었구나."

"여기에 뭐가 있는지 궁금하구나."

"여기서 쿵쿵 신나게 뛰고 싶지."

그런 뒤 "안 돼"라는 일방적인 금지의 말 대신 다음과 같이 대안을 제시해주면 아이는 분별력과 행동을 조절할 수 있는 능력을 갖게 된다.

"허락을 받고 만져보는 게 어때?"

"여기는 실내니까 밖에 나가서 실컷 뛰자."

그리고 아이가 행동을 바꿀 때 그 행동에 대해 구체적으로 칭찬해주어 그 행동을 강화해줄 수 있다.

"네가 높은 데 안 올라가고 여기서 노니까 엄마가 안심이 돼."

"실내에서 조용히 놀다니 너 참 예쁘구나."

"밖에서 신나게 뛰는 모습이 보기 좋아."

이렇게 아이의 행동에 긍정적인 반응을 보여준다.

부모는 아이와 다름을 우선 인정하고 아이가 나름대로 노력하는 모습을 바라볼 수 있어야 한다. 아이의 행동에 대해 선입견을 갖지 않고, 그 행동 자체를 판단하려 들지 말고 인정하고 긍정해줄 때 아이는 자신의 행동이 긍정적인 보상을 가져온다는 것을 깨닫게 된다. 아이가 어떤 행동을 할 때 자신에게 좋은 것이 온다는 기대를 하면 그 행동은 자연스럽게 강화될 수 있다.

어느 엄마가 경험한 일이다. 아이가 학교에서 돌아와 가방에서 숟가락 통을 꺼내 싱크대에 내놓는 것을 깜빡 잊어버리기 일쑤여서 저녁 설거지를 할 때면 늘 아이를 야단치곤 했다.

"너 또 숟가락 내놓는 거 잊어버렸지. 애가 그렇게 정신이 없어서 어쩌려고 그러니?"

그렇게 핀잔을 주면 아이는 마지못해 가방에서 숟가락 통을 꺼내왔다.

어느 날 엄마는 늘 하던 핀잔 대신 말하는 방법을 바꾸었다. 아이가 늦게라도 숟가락을 꺼내놓으면, "네가 이렇게 알아서 숟가락을 꺼내주니까 엄마가 설거지하기가 훨씬 편해. 엄마 도와줘서 고마워"라고 말했다. 아이는 평상시에 핀잔만 하던 엄마에게서 칭찬을 듣더니 조금 의아해하는 듯했다. 엄마는 덧붙여서, "설거지하기 전에 미리 꺼내놓으면 엄마가 더 좋을 것 같아."라고 말해주었다. 아이는 그다음 날부터 엄마가 말하지 않아도 숟가락 통을 꺼내놓았다.

엄마는 아이의 변화에 무척 놀랐다고 한다. 엄마의 칭찬에 큰 힘이 있다는 것을 실감했다고 한다. 아이가 숟가락 통을 내놓을 때 무심히 지나치지 않고 엄마를 도와줘서 고맙다는 칭찬을 매번 했더니 아이는 엄마의 잔소리를 듣지 않고도 스스로 숟가락 통을 내놓게 되었다는 것이다.

아이의 행동을 긍정적으로 바라보고 그것을 말로 들려주면 아이는 엄마에게서 인정받는다는 생각에 뿌듯해한다. 부모에게서 들은 긍정의 말이 그 행동을 계속하고 싶다는 동기를 만들어주어 그 행동을 강화시키는 것이다. 아이가 잘못하고 있는 행동을 바꾸기 바란다면 우선 아이에게 칭찬의 말을 들려주자.

아이의 행동은 미운 짓이든 예쁜 짓이든 모두 부모의 사랑을 받기 위한 처절한 몸짓이다. 아이는 매일 부모의 사랑을 받기 위해 전쟁을 치른다. 어떤 아이는 예쁜 짓을 해서 칭찬을 받아 부모의 사랑을 확인하기도 하고, 어떤 아이는 미운 짓을 해서 부모의 부정적인 관심을 받기도 한다.

사람은 먹을 것이 없어 배가 고프면 쓰레기통이라도 뒤져 허기를 채우려 한다. 썩은 음식이라도 먹어서 배고픔의 고통을 이겨내려고 한다. 육체의 건강을 위해서는 영양가 있는 음식을 먹어야 하지만 먹을 것이 없어서 육체적인 허기가 심해지면 기아 상태를 이겨내기 위해 썩은 음식도 마다하지 않게 되는 것이다.

마찬가지로 부모의 사랑과 관심이 부족하면 아이들은 심리적인 기아 상태를 경험한다. 심리적인 죽음을 피하기 위해 아이들은 썩은 음식을 먹듯 미운 행동을 해서라도 부모의 관심을 받으려고 한다. 이러한 심리적인 기제를 이해한다면 아이가 미운 짓을 할 때 혼내고 야단치기에 앞서 허기진 아이의 마음을 읽고 다독여서 긍정적인 사랑으로 채워주어야 한다.

일곱 살 난 남자아이를 둔 어느 엄마는 아이가 말을 듣지 않으면 수시로 매를 들어 아이를 위협하고 때리기도 했다. 아이의 행동은 더욱 거칠어졌고, 그럴수록 매는 강도가 강해져 회초리를 종류별로 몇 개씩 구비해놓기까지 했다. 부모교육 프로그램에 참가한 이후 원칙 없이 매를 때린 것이 아이의 부정적인 행동을 더욱 강화시켰음을 인식하게 된 엄마는 어느 날 아이와 마주 앉아 조용히 얘기했다.

"엄마가 너를 때려서 미안해. 앞으로는 너를 때리지 않을 거야. 여기에 있는 이 매는 모두 엄마가 부러뜨려서 쓰레기통에 넣을 거야."

그런데 엄마의 말에 아이는 의외의 반응을 보였다.

"엄마, 매 부러뜨리지 마. 엄마가 나를 때린 것은 나를 사랑해서 그런 거잖아. 매 버리지 마." 하면서 매를 붙잡고 엉엉 울더라는 것이다. 아이가 안심하고 좋아하리라 예상했던 엄마는 너무 당황스럽고 가슴이 아파서 함께 울었다고 한다. 아이는 엄마가 칭찬 대신 매로써 자신에게 관심을 보여주었기 때문에 매가 없어지면 엄마의 사랑도 잃을지 모른다는 불안감을 느꼈을 것이다.

부모에게 매를 맞고 자란 아이들은 부모와 부정적인 애착이 더욱 강하게 형성된다. 매를 맞으며 강한 신체 자극을 통해 전달된 부모의 관심은 잠재의식 속에 사랑을 아프고 고통스러운 이미지로 각인시킨다. 나중에 성인이 되어서도 매를 맞으며 자란 아이는 사랑하는 사람을 아프게 하고 고통을 주며 사랑을 확인하려 들 것이다. 또 결혼해서는 폭력적인 부모가 되기 십상이다.

긍정적인 말과 행동을 통해 '사랑은 따뜻하고 부드럽고 온화하며 너그럽고 포근한 것'임을 아이의 잠재의식에 각인되도록 하자. 그러면 아이는 전 생애에 걸쳐 온전한 사랑을 나누는 행복한 사람으로 살아갈 것이다.

국화보고
장미가 되라고
하지 마라

아이를 키우다 보면 쉬운 아이도 있고 힘든 아이도 있다. 같은 부모에게서 태어난 아이도 각자 다른 성향을 보인다. 어떤 부모는 '내가 낳은 자식이 맞나?' 할 정도로 아이를 받아들이고 이해하기가 어려운 경우도 있다.

사람은 누구나 고유의 기질을 갖고 태어난다. 기질은 성격의 기초가 되는 심리적 특성으로 타고나는 성격 유전자의 생물학적·화학적 특성을 말한다. 갓난아이에게도 이러한 성향이 발견되는데, 이것은 '기질'이라고 하며 커서도 일관되게 나타나는 성질이 있다.

부부간에도 궁합이 있듯이 부모 아이 사이에도 궁합이 있다고 한다. 부모와 성향이 비슷한 아이는 부모와 큰 대립 없이 생활할 수 있지만 부모와 성향이 맞지 않는 아이는 아이와 부모 모두 힘들다. 부모와 아이가 궁합이 안 맞아서 어려움을 겪게 되는 경우는 대개 부모가 아이의 타고난 성향이나 기질을 이해하지 못하고 부모의 성격대로 양육하려 할 때 발생한다.

아이의 타고난 기질은 바뀌지 않지만 부모의 양육방식과 주변 환경에 따라 긍정적인 성격을 형성해갈 수 있다. 아이가 긍정적이고 원만한 성격을 형성하려면 부모가 아이의 기질을 이해하고 그에 맞게 양육해야 한다.

기질을 개념화한 토마스(Thomas)와 체스(Chess)에 의하면 사람은 동기와 능력의 크기가 같더라도 어떻게 활동하고 정서표현을 하느냐에 차이가 있다고 한다. 기질은 '무슨' 행동을 '왜' 하느냐가 아니라 '어떻게' 행동하느냐로 평가한다.

이들은 기질을 구성하는 요소를 9개 범주로 나누어 제시하였는데, 활동성, 규칙성, 적응성, 접근-회피성, 정서성, 지구성, 주의산만성, 반응의 강도, 예민성 영역이 그것이다.

이 아홉 가지 요소에 따라 고집이 세고 까다로운 아이, 순한 아이, 느린 아이 등 세 가지 유형으로 기질을 나눌 수 있으며, 그밖에 세 가지 유형이 복합적으로 나타나는 경우도 있다.

- 활동성: 활동량이 많은 아이 또는 적은 아이
- 규칙성: 먹고 자는 것과 매사에 규칙적인 아이 또는 불규칙적인 아이
- 적응성: 새로운 상황에 잘 적응하는 아이와 그렇지 못한 아이
- 접근-회피성: 새로운 상황에 잘 접근하는 아이 또는 회피하는 아이
- 정서성: 생글생글 웃고 활발하며 기분 좋은 아이 또는 투덜거리거나 의기소침한 아이
- 지구성: 주의력을 계속 지속하는 아이 또는 지속이 안 되는 아이
- 주의산만성: 주의력이 뛰어난 아이 또는 그렇지 않은 아이
- 반응의 강도: 자극에 대해 자신의 감정이나 행동을 크게 드러내는 아이 또는 그러다가 마는 아이
- 예민성: 작은 자극에도 민감하게 반응하는 아이 또는 큰 자극에도 둔하게 반응하는 아이

고집이 세고 까다로운 아이

이 아이들은 먹고 자는 것이 불규칙하다. 칭얼대거나 고집을 부리는 등 부정적인 감정 표현을 많이 한다. 환경 변화에 민감하고

강한 반응을 보이며, 변화에 적응하는 데에도 시간이 많이 걸린다. 전체 아이의 10퍼센트 정도가 이 범주에 들어간다고 한다.

까다로운 아이를 기르려면 부모가 힘들다. 매사에 까다롭게 행동하므로 부모는 스트레스를 많이 받는다. 부모의 스타일에 이런 아이를 억지로 짜맞추려고 하면 부모-아이 관계에 문제가 발생하는 경우가 많다. 까다로운 아이와 순한 아이를 둔 부모는 순한 아이를 편애하는 양육 태도를 보일 수 있으므로 조심해야 한다.

이런 아이는 자신이 하고 싶은 것은 무슨 수를 써서라도 해야만 한다. 기다리며 참는 것을 힘들어하고 친구와 놀 때도 자신이 원하는 대로 하려고 해서 다툼이 생기기도 한다. 기가 세서 부모가 아이와의 기 싸움에서 밀리는 경우도 있다. 부모가 아이에게 지지 않기 위해 아이를 힘으로 밀어붙이거나 강압적으로 대하면 아이는 공격성이 커져서 반항적인 아이로 자랄 개연성이 있다.

자기가 원하는 대로 하려는 까다로운 아이는 부모가 강압적으로 밀어붙여서도 안 되고, 아이가 요구하는 대로 무조건 따라가도 안 된다. 매번 아이의 행동에 주의를 주거나 야단치지 말고 아이의 행동에 큰 규칙을 세운 후 일관되게 조금씩 행동을 개선하는 방향으로 양육해야 한다. 아이가 주변 환경을 잘 받아들이고 자신의 욕구를 조절하도록 도와주어야 큰 집단이나 또래집단에서 문제를 일으키지 않고 생활할 수 있다.

예를 들어 아이가 놀이터에 갔는데 집에 갈 시간이 다 되어도 더 놀겠다고 고집을 부린다면 부모는 어떻게 해야 할까? 아이가 원하는 대로 늦은 시간까지 놀게 하는 것도 바람직하지 않지만, 아이의 욕구를 무시하고 아이를 집으로 끌고 와도 안 된다. 단계에 맞게 아이가 자신의 욕구를 조절하고 행동을 바꿀 수 있도록 도와주는 소통을 해보자.

아이의 욕구를 조절하는 법

1단계: 아이의 욕구와 바람을 인정하고 말로 표현해준다 "놀이터에서 더 놀고 싶구나. 놀이터에서 노니까 재미있지."

2단계: 현재의 상황을 인식시켜준다 "그런데 지금은 집에 갈 시간이라서 더 놀 수 없어."

3단계: 가능한 대안을 제시한다 "엄마가 5분을 더 기다릴 테니 그때까지만 네가 하고 싶은 것 하면서 놀아."

4단계: 마지막 선택을 제시한다 "엄마는 이제 더는 못 기다려. 지금 놀이를 끝내지 않으면 엄마 먼저 갈 거야."

아이와의 소통에서 중요한 것은 1, 2단계에서 아이의 욕구와 바람을 진심으로 이해하고 그것을 공감해주어야 한다는 것이다. 그런 다음 현재의 상황을 이해시키려고 노력한다. 3단계에서는 아이가 놀이방법을 선택하도록 기회를 주어야 한다. 미끄럼이든, 그네든, 모래놀이든 아이가 하고 싶은 놀이를 선택하게 해주어야 부모에게 이해받고 있다고 느끼며, 부모의 지시를 거부하지 않는다. 4단계에서는 감정을 절제하고 화를 내지 않으면서도 엄격하고 단호하게 말해야 한다.

이렇게 단계를 나누어 아이와 소통하면 아이는 자신의 욕구를 잘 수용받으면서 행동을 조절하고 통제하는 법을 터득할 수 있게 된다.

고집이 세고 까다로운 아이의 자존감을 높여주는 방법

이 아이들은 벌이나 꾸지람으로 행동이 바뀌지 않는다. 이 아이들에게 칭찬과 인정은 어떤 비판이나 벌보다도 효과적이다. 또 이 아이들은 욕구가 강하고 지는 것을 싫어하기 때문에 유능함을 인정해주는 것이 가장 좋은 보상이 될 수 있다.

이 아이들은 자주 비판적이며 부정적으로 생각하는 습관이 있다. 따라서 긍정적으로 사고하는 습관을 반드시 길러주어야 한다.

이 아이들은 리더십을 타고났기 때문에 부모에게도 지배받으려고 하지 않는다. 그래서 부모에게 자주 꾸지람을 듣거나 매를 맞기 쉽다. 부모의 눈에 아이가 반항적으로 보이기 때문이다.

이 아이들을 교육할 때 성급하게 매를 들어서는 안 된다. 부모가 일관된 원칙을 가지고 규칙을 가르쳐야 한다. 아이들에게 리더십을 발휘할 수 있는 기회를 마련해주고 인격적으로 잘 훈련시키면 아이들은 리더십을 마음껏 발휘할 수 있게 된다.

순한 아이

이 아이들은 몸의 리듬이 규칙적이다. 식사나 배변, 수면 주기가 비교적 규칙적이며 잠자고 먹는 것이 순조로워서 엄마를 힘들게 하지 않는다. 아이는 대체로 행복하고 즐거운 감정표현을 많이 한다. 낯선 상황에도 두려워하지 않고 자기가 먼저 접근하여 친밀감을 표현한다. 새로운 환경이나 자극을 쉽게 받아들인다.

전체 아이들 가운데 40퍼센트가 여기에 해당된다. 이런 아이들은 키우기 쉬워 부모가 편하다. 부모나 선생님의 지시를 잘 따르기 때문에 부딪칠 일이 별로 없다.

그런데 이런 아이들도 환경이 좋지 않고 스트레스를 받으면 문제 행동을 할 수 있다. 순한 아이들은 자기주장을 하기보다는 지시에 잘 따르기 때문에 부모가 아이의 욕구를 알아차리지 못하고 지나쳐버리기 쉽다. 고집 센 형제가 있으면 순한 아이는 부모에게 소외감을 느끼고 상처를 받아 위축되기도 한다. 그래서 때로는 형제간에 갈등이 생길 때 고집불통이 되어 뾰로통해지기도 한다.

아이는 2~3세가 되면 자기주장이 생겨난다. 부모는 아이의 자연스러운 발달과정을 이해하고 아이가 자율성과 주도성을 키워나갈 수 있도록 도와주어야 한다. 그런데 순한 아이를 기르는 부모는 아이의 자율성을 키워주기보다는 부모의 지시를 잘 따르도록 훈육하기 쉽다.

부모가 아이에게 매사를 지시하고 부모의 요구에 따르도록 하는 것은 좋지 않다. 무슨 일이든 부모 말을 잘 듣도록 키운다면 아이는 자율성을 기를 수 없다. 위험하거나 해로운 일이 아니라면 아이의 의사를 존중하고 스스로 선택할 수 있는 기회를 주어서 소극적인 아이가 되지 않도록 해야 한다.

아이가 "난 못해"라고 포기하거나 부모에게 의존하려고 하면 대신 해주지 말고 "너는 잘할 수 있어. 네가 하고 싶은 건 뭐야? 어떻게 하고 싶어?" 하고 물어서 아이가 자신의 욕구를 잘 표현하고, 스스로 선택하고 결정하도록 한다.

순한 아이의 자존감을 높여주는 방법

이 아이들은 부모의 말을 잘 따르고 친구와도 잘 지낼 수 있는 순종심과 겸손함을 갖추었다. 자기주장을 하기보다는 부모에게 순종하고 권위에 복종함으로써 사랑을 받는다. 이 아이들은 가정에서 자신의 욕구를 잘 드러내지 않기 때문에 희생자가 되기도 하는데 그 이유는 가족간의 관계를 중요하게 생각하기 때문이다.

그러나 이 아이들은 비교적 자존감이 낮다. 자신의 욕구를 존중받은 경험이 부족하기 때문이다. 따라서 이 아이들에게는 마음에 간직한 분노와 상한 감정을 직접적으로 표현하는 방법을 가르쳐야 하고 자신이 원하는 것을 선택할 수 있는 기회를 주어야 한다.

느린 아이

　반응이 느리고 행동이 느려 답답하게 느껴지는 경우가 많다. 이 아이들은 발동이 천천히 걸린다. 신체적으로는 규칙적이고, 주로 긍정적인 감정표현을 많이 하지만 이런 감정을 표현하는 데 시간이 걸린다. 순한 면도 있지만 새로운 환경에서 움츠러들며 적응하는 데 시간이 걸린다. 아이들의 15퍼센트 정도가 이 부류에 속한다고 한다.

　부모나 선생님의 지시에 반응하는 속도가 느리기 때문에 가르치는 데 애로가 있다. 느린 아이를 키우는 부모는 "속이 터진다"는 말을 자주 한다.

　성질이 급한 부모가 느린 아이에게 새로운 것을 가르칠 때는 아이가 부모의 뜻대로 빨리 따라오지 못하므로 속상해하는 경우가 많다. 그러나 부모가 다그칠수록 아이는 더욱 거부하게 되어 반응이 더욱 느려지거나 아예 반응하지 않게 된다. 이 아이들은 새로운 환경이나 자극에 대한 반응이 무디거나 새로운 경험에 수동적으로 저항하지만, 일단 적응하고 나면 긍정적으로 반응한다. 적응하는 데 시간이 걸리지만 익숙해지면 잘해낼 수 있다.

　느린 아이를 키우는 부모는 아이를 세심하게 배려해야 한다. 부모가 조급증을 내서 서두르면 아이는 위축되고 자신감을 잃는다. 빨리하라고 다그치면 아이는 스트레스를 받아 부정적인 방향으로 나가므로, 아이를 지켜보면서 천천히 적응하도록 도와야 한다. 적응하는 데 시간이 오래 걸리는 만큼 적응하고 나면 잘할 수 있으므로 다른 아이들에 비해 '한 박자 천천히' 한다고 생각해야 한다. 아이가 또래아이들에 비해 느리다고 혼내면 자존감이 낮아져서 이후에 학업이나 또래관계에서 문제가 나타날 수 있다.

낯선 것에 위축되고 발동이 늦게 걸린다 해도 부모는 아이를 기다려주어야 한다.

"그래, 지금 하기 싫으면 안 해도 돼."

"넌 깊이 생각하는구나."

"넌 천천히 시작하는 것을 좋아하는구나."

이렇게 말해서 아이의 마음을 편안하게 해주어야 한다. 아이가 긴장을 풀고 새로운 상황에 적응하도록 기다려야 한다.

기질에는 장점과 단점이 공존한다. 부모가 아이를 어떻게 키우느냐에 따라 아이는 얼마든지 다른 사람으로 성장한다. 아이의 타고난 기질을 바꾸려 하지 말고 기질의 장점을 살려주고 올바른 방향으로 이끌어주면 아이는 원만한 성격으로 세상을 잘 살아나가게 된다.

아이는 부모의 소유물이 아니다. 국화꽃이 장미가 될 수 없다. 아무리 물을 주고 가꾸어도 다른 꽃이 될 수는 없는 것이다. 아이의 독특한 기질적 특성을 무시하고 부모의 가치관을 주입하려 해서는 안 된다. 인간은 누구나 독립적인 개체며 각자 자신의 삶의 목적이 있다. 그렇기 때문에 아이는 부모와 다른 기질을 가지고 세상에 태어나기도 한다. 부모는 아이가 자신의 모습대로 세상에서 자아실현을 해나가도록 아이를 있는 그대로 받아들이고 인정해야 한다.

느린 아이의 자존감을 높여주는 방법

이 아이들은 환경 변화에 민감하게 반응하지 못하고 굼뜨게 행동하기 때문에 어린 시절 부모에게 거부당하거나 무시당하는 경우가 많다. 부모에게 받아들여지지 못하고 거부당한 경험은 아이들의 마음을 냉담하게 만들고 움츠러들게 만든다. "나는 안 돼"라는 낙인이 찍히면 사람들에게 가까이 가려고 하지 않는다. 아이가 느리더라도 괜찮다고 말해서 열등감을 갖지 않도록 배려해야 한다. 사람들과 친숙한 관계를 맺을 수 있도록 단체 활동에 참여하는 기회를 마련해주는 것도 중요하다.

아이가 힘들어 하는지를 물어보아서 자신의 속도로 배울 수 있도록 배려해야 한다. 또래 사이에서 소외감을 느끼지 않도록 아이의 장점을 찾아주고 잘해냈을 때 칭찬을 해준다. 하나라도 작은 성취감을 느끼면 자신감이 높아진다. 아이가 고립되지 않고 사람들과 편안하게 생활하도록 하려면 부모가 아이를 혼내거나 다그쳐서는 안 된다.

아이가 이유 없이
밉다면 부모의
화부터 다스려라

아이가 형제와 다투지 않고 잘 놀고, 잘 먹고, 건강하게 자라고, 할 일도 제때에 잘해내고, 웃는 얼굴을 할 때면 부모는 아이가 지극히 예쁘고 사랑스러워 보인다. 그러다가도 아이가 고집을 부리고, 숙제를 미루고, 형제와 싸우고, 부모의 말을 안 들으면 예쁘고 사랑스럽던 마음은 어디론가 훌쩍 날아가버리고 미운 마음만 가득해진다. 아이를 향한 부모의 마음은 하루에도 몇 번씩 오르락내리락한다.

그런데 아이가 이유 없이 밉다는 부모도 간혹 있다. 어떤 부모는 아이가 전혀 예쁘지 않다고 한다. 예뻐하려 해도 그런 마음이 생겨나지 않는다는 것이다. 그래서 아이의 사소한 잘못이나 실수에 버럭 화를 내고 심한 경우 아이에게 체벌을 가하거나 욕설을 내뱉기도 한다. 부모의 병적인 공격성은 아이에게 학대받은 경험을 심어준다. 신체적·정신적 학대를 받은 상처는 아이의 전 생애에 걸쳐 삶의 걸림돌이 될 개연성이 크다.

학대는 심각한 정신적 상처를 남기게 되므로 이유 없이 아이가 밉게 느껴진다면 그 원인을 파악하여 부모 자신이 먼저 건강한 사람이 되어야 한다. 아이의 작은 실수에도 지나치게 화를 내고 아이의 행동에 지나치게 부정적으로 반응하는 부모는 아이의 행동 때문이 아니라 부모 자신에게 문제가 있음을 인식하여야 한다.

초등학교 2학년 딸아이를 둔 한 엄마는 딸에게 서운한 마음이 많았다. 자신이 몸이 아파서 누워 있어도 딸은 엄마를 걱정해주기는커녕 관심도 없다는 것이었다. 그런 딸을 보면 그렇게 섭섭하고 밉기까지 하다고 하소연했다. 자신이 저녁 늦게까지 집안일을 해도 도와주지 않는 딸이 원망스럽고, 딸이 자신을 좋아하지 않으니 외롭고 쓸쓸하다고 했다.

이 엄마는 아이처럼 자신이 낳은 초등학교 2학년짜리 딸에게서 엄마의 사랑을 구했다. 부모의 사랑은 기본적으로 '주는 사랑'이다. 아이에게서 '받는 사랑'이 아니라 부모의 넉넉한 품으로 아이를 감싸주고 무조건적으로 주어야 하는 사랑이다. 부모는 조건 없이 아이를 사랑으로 안아줄 수 있어야 한다. 그러려면 우선 엄마 마음 안에 사랑이 충만해야 한다. 아이에게 퍼주어도 고갈되지 않을 만큼 사랑이 가득해야 한다. 그럴 수 있으려면 엄마 자신에게 어린 시절 부모에게서 받은 사랑의 경험이 충분해야 한다.

그런데 이 엄마는 어린 시절에 부모에게서 충분한 사랑을 받은 경험이 없었다. 부모의 무관심과 방치로 늘 외롭고 쓸쓸했다. 때로 부모가 쏟아내는 폭언은 자존감에 심한 상처를 주었다. 집안 형편은 어려웠고 5남매 중 막내인 자신은 늘 버려질지도 모른다는 불안감에 떨었다고 한다. 부모님은 수시로 따가운 눈총으로 쏘아보며 "막내 저것은 낳지 말아야 했어"라는 푸념을 내뱉었다고 한다.

이 엄마는 어린 시절에 경험한 자신의 외로움, 불안, 결핍을 자신의 아이에게 투사해 아이를 이유 없이 학대하고 힘들게 했다. 어린 딸의 숙제를 봐주지도 않고 밥을 잘 챙겨주지도 않았다. 아이가 숙제를 안 해놓으면 심한 욕설을 하고 공책을 찢어버리거나 뺨을 때리기까지 했다. 이 엄마는 자신의 어린 딸에게서 아마도 어린 시절에 상처 입은 자신의 모습을 보았을 것이다. 외롭고 불행했던 사람이 자신의 자식에게 온전한 사랑을 주기는 어렵다. 이 엄마는 상처받은 내면을 치유하기 위해 상담을 받으며 지금도 치유하기 위해 노력하고 있다.

심한 마음의 상처가 없다 하더라도 엄마가 스트레스를 받게 되면 아이의 실수에 민감하게 반응하거나 자제력을 잃어 격한 반응을 하게 된다. 건강이 나빠 에너지가 떨어져 있거나 해야 할 일이 너무 많을 때 사람은 스트레스에 취약해진다. 그래서 아이의 사소한 잘못에도 화를 분출하게 된다.

아이들은 부모의 스트레스 해소 창구가 아니라는 사실을 기억하자. 아이들은 스스로 방어하는 능력이 취약하므로 부모가 퍼붓는 부정적인 반응에도 아무런 대책이 없다. 좋은 부모가 되려면 부모 자신의 스트레스와 화를 스스로 잘 해소해야 한다.

아이에게 좋은 정서적 환경을 만들어주려면 엄마 자신의 건강을 우선 챙겨야 한다. 몸의 건강을 위한 노력도 필요하고 스트레스를 그때그때 해소할 수 있는 방법을 개발해야 한다. 마음이 힘들어질 때 적절한 방법으로 자신을 돌보고 마음의 무게를 덜어 기분을 긍정적으로 전환해야 아이에게 스트레스를 전가하지 않는다. 나는 부모님들에게 자신의 정신건강을 위해 할 수 있는 방법을 20가지 정도 개발하라고 권한다. 스트레스 해소 방법의 예를 들어보자.

기분이 좋아지게 하는 방법

햇볕 쪼이기 / 느리게 걷기, 산책하기 / 따뜻한 커피나 차 마시기 /

음악듣기 / 요가 등 운동하기 / 친구 만나기 / 쇼핑하기 /

맛있는 것 먹기 / 여행하기 / 푹 잠자기, 휴식하기 /

편지나 메일 쓰기 / 목욕하기 / 일기쓰기 / 위안을 주는 책 읽기 /

기도하기 / 급하지 않은 일은 미뤄두기 / 영화나 공연보기 /

공동체 활동하기, 봉사 / 지인에게 전화하기 / 생각을 비우기 /

엄마와의 '접촉'이 아이의 두뇌발달을 좌우한다

아이가 신체적으로 건강하게 자라려면 청결과 휴식, 영양이 필수적이다. 부모는 아이의 건강을 위해 깨끗하고 안전한 환경을 만들어주고 몸에 좋은 먹을거리를 제공하기 위해 정성을 기울여야 한다. 그런데 아이가 행복하게 자라기 위해서는 신체뿐만 아니라 정서적으로도 건강해야 한다.

아이가 정서적으로 건강하게 자라려면 반드시 부모의 관심과 보살핌이 있어야 한다. 인간은 보살핌이 필요한 동물이다. 보살핌이 결핍되면 아무리 위생상태가 좋아도 성장장애, 정서장애가 발생한다. 보살핌이 없는 상태는 아이에게 심리적인 죽음의 상태와 같다고 한다. 먹을 것만을 공급해준 영아가 돌연사하는 경우도 있고, 부모의 애정 결핍으로 반응성 애착장애가 발생하기도 한다.

스잔은 태어난 지 22개월이 되었지만 체중은 5개월, 신장은 10개월 된 아이와 같다. 성장과 발달이 늦어서 걷지도 못하고 "예, 예" 하는 말조차 할 수 없을 정도다. 누군가 가까이 다가가면 울어 버리고 안거나 어루만지는 것도 싫어했다. 병원에 온 스잔에게 여러 가지 검사를 해보았지만 신체에는 아무런 이상도 없었다.

그런데 이상하게도 아이가 입원해 있는 동안 부모가 한 번도 면회를 오지 않았다. 이유를 알아보니 스잔의 부모는 뜻하지 않게 태어난 아이를 몹시 귀찮아했고 보살피지도 않았다. 아이의 병명은 '모성애정결핍증후군'이었다. 즉 아이의 발육 부진의 원인은 부모의 접촉 결핍 때문이었던 것이다.

스잔을 치료하기 위하여 스잔에게 전담간호사를 배정하여 대리모 역할을 할 수 있도록 하였다. 대리모는 하루 6시간 동안 수시로 안아주거나 눈을 마주치기도 하면서 접촉을 계속해주었다. 몇 주일이 지난 후 아이는 이제 사람들이 가까이 다가가는 것을 싫어하지 않게 되었고, 체중이 2.7킬로그램이나 늘었으며, 키도 5센티미터나 컸다. 운동기능이 놀랄 만큼 발달하여 의사표현도 할 수 있게 되었고, 정서적으로 안정되어 모르는 사람이나 낯선 물건에 대해서도 흥미를 보이기 시작했다. 몇 달 후 스잔은 퇴원할 수 있게 되었고, 스잔의 이야기는 영화로 만들어져 세상에 알려졌다.

스잔의 예에서 보듯이 아이에게 부모의 접촉이 결핍되면 발육 부진은 물론 정서발달이나 인지발달도 지연된다. 아이가 세상에 나와서 처음으로 사회적 관계를 맺는 사람은 엄마다. 엄마가 아이와 안정적인 애착을 형성해야 아이는 정서적인 안정감을 바탕으로 학습능력과 사회적인 능력을 발전시키게 된다.

사람의 뇌는 크게 뇌간, 대뇌변연계, 대뇌피질 세 영역으로 나뉜다. 뇌간은 인간의 뇌 중 가장 먼저 생긴 것으로 기본적인 생명 기능을 담당한다. 대뇌변연계는 식욕 등 본능적인 활동이나 정서, 기억 등과 관련이 있고, 대뇌피질은 가장 최근에 진화한 부분으로 사고, 판단, 창조, 도덕성 등 고도의 정신활동과 감각을 담당한다.

생후 4개월이 지나면 아이의 행동통제 기능은 뇌간에서 대뇌피질로 이동한다. 즉 반사행동 대신 자발적인 행동으로 변하는 것이다. 아이의 뇌가 발달하려면, 대뇌발달에 필요한 자극이 충분해야 한다. 아이 뇌 발달에 가장 필요한 것은 '엄마와의 접촉'이다. 아이와 눈을 맞추고, 껴안아주고, 토닥여주는 등의 사소한 접촉은 아이의 마음을 평온하게 안정시켜준다. 엄마와 지속적이고 안정적으로 접촉하는 것이 아이의 두뇌와 정서발달에 무척 중요하다. 엄마의 보살핌의 질이 아이 두뇌발달에 큰 영향을 준다. 부모의 접촉이 부족하면 아이 뇌에 코르티솔이라는 호르몬 수치가 높아져 새로 생긴 뇌세포가 성장하지 못하고 죽어버려 두뇌발달이 저해된다.

행복한 아이를 만드는
첫 번째 조건은 엄마와의 애착형성이다

아이는 무기력한 존재로 태어난다. 막 태어나면 스스로 할 수 있는 것이 아무것도 없기 때문에 자신을 도와줄 사람이 필요하다. 엄마에게 절대적으로 의존해야만 생존할 수 있는 것이다. 아이가 18개월 이전에 1차 애착대상(주로 엄마)과 어떤 관계를 형성하느냐가 그 아이가 성장해서 사회적으로 어떤 행동을 하느냐에 영향을 준다. 아이와 애착형성을 잘하기 위해서는 아이에게 단순히 배고프지 않게 먹여주는 일보다 사랑과 위안을 주는 정서적·감정적인 반응을 잘해주는 일이 더 중요하다.

1960년대 루마니아의 고아원에서 옷과 음식 외에 어떤 것도 제공하지 않았던 아이들을 성장한 후 살펴보니 언어에 관계된 측두엽이 제대로 발달하지 않은 것을 확인할 수 있었다. 시설에서 자란 아이들은 양육자와 상호작용을 충분히 하지 못할 경우 언어능력과 인지능력이 또래아이들에 비해 현저하게 낮은 것을 볼 수 있다. 출생 후 부모와 적절한 접촉이 없으면 뇌가 정상적으로 발달하지 못할 뿐만 아니라 신체발달에도 영향을 많이 받는다.

1970년대 콜롬비아의 보고타 시에서는 미숙아를 넣을 인큐베이터가 부족하여 아이를 산모의 배 위에 묶어주었다. 인큐베이터 대신 엄마의 배 위에서 24시간을 지내게 한 것이다. 엄마가 힘들

때는 아이를 아빠의 배 위에 묶어주었다. 캥거루가 새끼를 아이주머니에 넣어 키우듯 미숙아에게 '캥거루케어'를 실시한 결과 아이의 체중증가 속도가 인큐베이터에서 자란 아이들보다 평균 40퍼센트 이상 빨랐고, 훨씬 더 건강하게 자랐다. 이로써 미숙아 치료법인 '캥거루케어'는 아이의 신체적 성장뿐만 아니라 정서적 성장에도 도움이 됨을 확인할 수 있었다.

아이는 엄마와 접촉하면서 심장박동이 규칙적으로 되고 편안해졌다. 아이와 엄마 사이의 유대감 또한 강화되며, 특히 아빠는 엄마 보다 체온이 높아서 아이의 성장에 더 좋은 영향을 주었다. 더욱 좋은 점은 엄마·아빠와의 애착형성이 잘 되어 부모는 육아에 어려움을 덜 느꼈고, 아이가 자란 후에도 부모와의 접촉이 매우 자연스러워 부모를 잘 따르고 관계가 좋은 것을 확인할 수 있었다. 더불어 미숙아 마사지 치료법은 아이의 성장을 도와주고 면역력도 강화시켜주었다.

이러한 접촉요법은 아이뿐만 아니라 모든 연령에서 효과가 높게 나타난다. 청소년을 비롯한 성인들도 신체접촉을 지속적으로 하면 스트레스 수치와 스트레스 호르몬이 감소하여 병원을 찾는 횟수가 줄어들게 된다.

아이가 태어나서 만 3년 동안을 생애 결정적 시기라고 한다. 접촉은 아이가 세상을 인식하는 수단이다. 엄마와의 따뜻한 접촉으로 아이는 세상이 안전하고 믿을 만한 곳이라고 인식한다. 아이의 신호에 엄마가 민감하게 반응하고 즉각적인 반응을 해줌으로써 아이는 엄마와 안정적인 애착 관계를 형성하고 정서발달을 이뤄간다.

반대로 부모가 아이의 신호를 무시하거나 아이의 물음에 짜증스럽게 반응하면 아이는 불안정애착아가 된다. 주 양육자인 엄마에게서 분리되거나, 주 양육자가 자주 바뀌거나, 엄마가 아이에게 잘 반응해주지 않는 등 아이에게 불안한 환경을 제공하면 아이는 정서발달을 건강하게 이루지 못한다. 이 시기에 부모와 분리되는 것은 이후 인간관계에 부정적인 영향을 미친다. 엄마와의 애착이 불안정한 아이는 분리불안 때문에 낯선 환경에 적응하는 데 어려움을 겪는다.

엄마가 없는 '낯선 상황'에 아이를 놓아두고 관찰해보면 안정애착아들은 엄마가 돌아오면 반가워하고 쉽게 안정을 되찾는다. 엄마에 대한 확신이 있기 때문에 엄마가 자신의 요구에 반응해줄 것이라는 믿음이 있다. 엄마가 일관되고 신뢰성 있게 아이의 신호에 반응해주었기 때문에 아이가 엄마의 존재와 자신의 반응을 확신할 수 있는 것이다.

반면 불안정애착아들은 엄마가 없는 낯선 상황에서 심한 불안을 느끼고 울거나 안절부절못한다. 엄마가 돌아와도 엄마를 때리거나 밀쳐내고 거부하는 등 혼란스러운 감정을 드러낸다.

초등학교 한 반 아이들을 대상으로 생일에 초대하고 싶은 친구를 세 사람씩 적게 했는데 친구의 초대를 받지 못한 아이가 다섯 명이 있었다. 그 아이들의 공통점은 엄마와 안정적인 애착 관계를 형성하지 못한 것이었다. 이 실험 결과는 아이들의 또래 관계에 엄마와의 애착 관계가 영향을 미친다는 사실을 알려준다. 엄마와의 관계가 이후 인간관계의 원형이 되는 것이다. 엄마와의 애착 관계가 아이들 또래 관계나 사회성에 영향을 주는 원인은 무엇일까?

아이가 엄마와 충분히 접촉하여 정서적인 안정감이 형성되면 사람들과의 관계에서 편안함을 느끼고, 남을 믿으며, 도움을 주고받는 원만한 성격으로 자란다. 다른 아이들의 욕구와 감정에도 민감하게 반응할 줄 알기 때문에 또래 사이에서 인기가 많다.

안정적인 애착 관계를 형성한 아이들은 호기심과 탐구 욕구가 강하고 자신감이 높으며 매사에 적극적이고 학업 성적도 좋다. 안정적인 애착 관계는 리더십에 직접적인 영향을 준다. 사회에 긍정적인 영향을 미치는 리더십을 발휘하는 사람들은 대부분 부모와 안정적인 애착 관계를 형성한 사람들임을 확인할 수 있다.

안정애착아는 문제가 생기면 '어떤 방법으로 문제를 풀까'라고 골똘히 생각하지 '난 절대로 문제를 못 풀 거야'라는 부정적인 생각은 하지 않는다. 이런 태도와 기술을 발휘하여 청소년이 되면 또래집단에서 리더로 성장한다. 안정애착아는 문제해결에 자신감을 갖고 친구와의 갈등도 해결할 줄 아는 능력을 발휘한다.

아이는 엄마의 사랑을 먹고 자란다

아이의 정서발달을 위해 부모는 어떻게 반응해야 할까? 우선 가장 중요한 일은 아이와 눈을 맞추는 것이다. 아이는 엄마의 눈빛을 보면서 신뢰와 편안함을 느낀다. 아이와 오랫동안 눈맞춤하면서 아이와의 교감을 지속적으로 키워나갈 수 있다. 수유할 때도 아이와 눈을 맞추며 얼굴 표정만으로 무수히 많은 대화를 할 수 있다. 아이는 엄마의 눈빛과 얼굴 표정을 보면서 정서적인 안정감을 느끼며 엄마의 마음을 읽고 소통하는 방법을 익힌다.

엄마와 아이의 특별한 의사소통 수단이 옹알이다. 엄마가 아이에게 계속 이야기하면 아이도 엄마에게 무언가를 표현하고 싶어 한다. 아이는 옹알이로 더 적극적인 교감을 표현하려고 한다. 6개월 된 아이와 엄마가 재미나게 대화를 나눌 수 있다. 엄마가 아이와 눈을 맞추고 이야기를 해주면 아이는 소리 내어 웃고 옹알이로 답한다. 아이의 대답에 엄마가 또 응답을 해주면 아이는 엄마와 정서교감을 많이 나눌 수 있다.

또 엄마의 손길과 포옹으로 친밀감이 깊어진다. 엄마와 아이가 서로 주고받는 신체접촉이 아이의 의사소통 능력을 향상시켜 준다. 엄마의 꾸준한 손길과 포옹에 응답하듯 아이는 더욱 엄마에게 친밀감을 갖게 된다. 또 아이들의 웃음은 감성이 발달하는 데 무척 중요한 요소다. 소리 내어 웃을수록 아이의 감성이 더욱 발달하므로 아이가 많이 웃을 수 있게 해준다. 아이는 엄마와의 눈맞춤으로 신뢰와 편안함을 느끼고, 옹알이로 엄마와 이야기를 시도하며, 엄마의 손길과 포옹으로 친밀감을 쌓는다. 아이는 웃음으로써 감정과 인성을 성장시켜나간다. 아이에게 반응을 잘하는 부모는 아이의 정서발달을 잘 도와주는 것이다.

초등학교 5학년인 세일이는 늘 엄마가 사라지거나 죽을지도 모른다는 분리불안에 시달렸다. 학교 교문을 들어서는 순간부터 불안하여 마음을 둘 곳이 없었다. 친구와도 잘 지내지 못해서 늘 외톨이라고 느꼈다. 세일이는 자신이 혼자인 것 같고 버려질 것 같다는 불안한 마음 때문에 괴로워했다. 세일이 엄마는 5학년이나 된 아이가 아직도 엄마가 없어질까봐 두렵다는 말을 하는 것이 이해되지 않는다며 상담을 청해왔다.

세일이 엄마는 아이를 낳은 후 심한 산후 우울증에 시달렸고 아이를 돌보고 양육하는 일이 힘들게만 느껴졌다. 아이 눈을 마주보고 사랑스럽게 웃음을 보여준 기억도 희미했다. 아이가 두 돌이 되기 전에 둘째 아이가 태어나 세일이에게는 자연히 관심을 못 가지게 되었다.

세일이를 만나서 얘기해보니 세일이의 관심은 온통 엄마의 사랑을 받는 것에 집중되어 있었다. 가장 해보고 싶은 일이 동생을 떼어놓고 엄마·아빠와 여행하는 것이라고 말할 정도였다. 엄마에게 바라는 점도 자기와 함께 놀아주는 것이라고 했다. 엄마에게서 독립하여 또래 집단을 더 좋아하게 되는 시기에 세일이는 아직도 엄마의 사랑을 목말라 하고 있었다.

세일이가 불안해하지 않고 정서가 건강하게 발달되려면 엄마와의 든든한 애착 관계가 필수적이다. 시기가 많이 늦어졌다 해도 아이에게 부족한 엄마의 사랑을 채워주어야 한다. 나는 세일이 엄마에게 장을 보러 가거나 쇼핑하러 갈 때 세일이와 함께 손을 잡고 갈 것을 권유했다. 장을 보면서 함께 이야기도 나누고 먹고 싶은 것도 사먹으면서 세일이와 엄마의 정서교류가 많아지면 자연스럽게 분리불안이 사라질 것이다.

아이는 부모의 사랑과 접촉이 있어야만 정상적으로 자랄 수 있다. 생후 만 3세까지 부모는 아이와 한 몸이 되어 집중적으로 아이에게 반응해주고 접촉해주어야 한다. 이 시기에 뇌의 정서를 담당하는 변연계가 발달한다. 변연계에 이상이 생겨 신경전달물질이 원활히 분비되지 않으면 아이는 우울해하거나 공격적인 성향을 지니게 된다. 부모와 접촉이 많은 아이가 정서 발달 속도도 빠르고 사춘기도 무난하게 지나간다는 보고도 있다.

스킨십은 아이와의 따뜻한 소통방법이다

다음 그림은 사람이 스킨십을 할 때 나타나는 뇌의 반응비율

에 따라 뇌외과 의사 팬필드 박사가 몸을
재구성한 것이다. 정상적인 몸보다 손
과 입술, 머리가 지나치게 큰 것을 볼 수
있다. 그 의미는 손과 입술, 머리
를 접촉할 때 우리 뇌가 다른 몸
부위보다도 더 예민하게 반응함
을 뜻한다. 우리는 사람을 만나면 악수를 청
한다. 악수를 하고 나면 상대에 대한 적대감이
사라진다고 한다. 그만큼 손의 접촉이 타인과의 마음의 거리를 좁
혀주는 것이다. 또 연인들은 키스를 하며 서로의 친밀함과 사랑을
확인한다. 몸의 접촉이 곧 상대에 대한 호의와 관심, 사랑을 표현
하는 방법이다.

아이에게 적극적으로 스킨십을 하여 사랑과 관심을 표현하자.
부드럽게 안아주기, 손 붙잡아주기, 머리 쓰다듬어주기, 볼 비비
기와 뽀뽀하기 등 가족간의 스킨십을 적극 개발하자. 스킨십은 아
이들의 마음에 행복을 주기도 하지만 아이와의 접촉으로 부모도
위안을 받고 마음의 평화를 얻는다. 스킨십의 결핍은 정서적인 불
행감을 가져온다. 가족의 행복 척도는 얼마만큼 스킨십을 자주, 그
리고 많이 하는가에 달려 있다. 매일 하루 4번은 가족끼리 스킨십
을 나누도록 의식적으로 노력하자.

가족치료 전문가 버지니아 사티어는 인간이 정상적인 생활을

하기 위해서는 하루 네 번의 포옹이 필수적이라고 한다. 건강해지고 싶다면 8번의 포옹을, 치료가 필요하다면 12번의 포옹을 하라고 권한다. 신체 접촉으로 우리는 마음의 위안과 안정을 얻는다. 스킨십은 옥시토신이라는 쾌감물질을 분비시켜 우리에게 행복감을 준다. 그래서 옥시토신을 가족호르몬이라고 한다. 아이와 부모와의 몸의 거리는 마음의 거리다. 아이들과 자연스러운 신체접촉이 많은 가족은 행복한 가족이다. 아이들은 부모의 사랑 속에서 건강하게 자랄 수 있다.

자율성과
주도성을 키워주라

'되는 것'과 '안 되는 것'의 기준을 세운다

아이가 두 돌 무렵이 되면 "싫어"라는 말을 종종 한다. 무엇이든 "내가 할 거야"라며 떼도 늘어난다. 부모의 뜻대로 통제되지 않는 아이 때문에 부모는 육아가 힘들게 느껴지기도 한다.

아이가 "싫어"라는 말을 할 수 있게 된 것은 아이의 내면에 나와 타인의 개념이 형성되고 나를 스스로 조절할 수 있는 능력이 생겨났기 때문이다. 부모에게 절대적으로 모든 것을 의존하던 시기에서 벗어나 자신의 의지가 생겨나기 시작한다. 바로 자율성이 커나가기 시작하는 것이다.

이 시기에는 아이가 뭐든 혼자 해보려고 한다. 자기 마음대로 되지 않으면 떼를 부리고 울음을 터뜨려서 엄마를 난감하게 하기도 한다. 이 시기에는 새로운 것들을 많이 배운다. 걷기, 쥐기, 말 배우기, 항문 괄약근 조절 등 자신의 몸을 통제하는 힘인 자기조절을 배우는 시기다.

이 시기가 되면 아이들의 배변훈련이 가능하다. 배변훈련은 아이에게는 자연스럽지 못한 것이다. 그전까지는 똥, 오줌이 마려우면 언제 어디서나 그 자리에 싸면 그만이었다. 그런데 아이는 이제 정해진 장소에 가서 볼일을 봐야 한다. 싸고 싶어도 마음대로 해서는 안 되고 참았다가 정해진 곳에 해야 한다. 항문의 괄약근을 조절하는 훈련이 가능한 이유는 아이에게 자율성의 힘이 생겨났기 때문이다.

엄마는 아이에게 예쁜 변기를 주고 이제부터 그곳에 배변을 해야 한다고 가르쳐준다. 처음에는 아이가 잘못하기도 하고 실수도 한다. 부모는 다그치지 않으면서 아이가 잘할 수 있도록 기다려주고 도와준다. 아이가 잘했을 때 칭찬을 듬뿍 해주면 아이는 유능감이 올라가서 더욱 잘하려고 노력하게 된다.

아이가 배변훈련을 잘하도록 도와주는 것은 아이의 자율성 훈련에 무척 중요한 단계다. 부모가 아이의 실수에 지나치게 민감하게 반응하거나 실수했을 때 혼을 내서 수치심을 주면 아이는 자율성에 손상을 입는다. 아이가 잘했을 때 긍정적인 반응을 보이고 칭찬해주면 아이는 차츰 자율성과 자립심을 키워가게 된다.

아이가 뭔가를 해보려고 할 때 지나치게 통제하지 않으면서 스스로 할 수 있게 해주어야 하지만 꼭 기억해야 할 것은 자율성과 함께 통제와 조절을 배워야 한다는 것이다. "세 살 버릇 여든까지 간다"는 말이 있다. 이 말은 세 살 때 형성된 습관은 고치기가 어렵다는 뜻이다. 이 시기에 엄마는 아이에게 '되는 것, 안 되는 것'에 대한 명확한 기준을 세워서 아이가 자신의 욕구를 조절하고 통제할 수 있도록 해주어야 한다. 이때 아이의 요구를 무조건 허용하면 아이는 떼쟁이, 고집쟁이가 되어서 뭐든 자기 마음대로 하려 드는 아이가 되기 십상이다.

우리 아이가 네 살 무렵에 밥이 끓고 있는 전기밥솥에서 하얀 김이 모락모락 나오는 것을 보고 그 위에 손을 얹은 적이 있다. 뜨거운 김에 화들짝 놀란 아이는 손을 금방 뗐지만 데고 말았다. 손을 찬물에 담그게 했다가 연고를 발라주었더니 괜찮아졌지만 이런 일이 다음에도 되풀이되면 더 큰 화상을 입을지도 모르는 일이었다. 나는 아이에게 이렇게 말했다.

"밥솥에서 하얀 김이 나오니까 신기했구나. 하얀 김을 만져보고 싶었지. 근데 너무 뜨거워서 손을 데었네. 정말 아팠겠다. 밥솥에서 김이 나올 때는 손으로 만지면 안 돼. 손을 데면 아파."

아이에게 되는 것, 안 되는 것에 대한 엄격하고 일관된 기준을 말해주어야 한다. 부모의 일관된 기준은 아이에게 안정감을 준다.

아이 스스로 행동을 조절하고 통제할 수 있도록 엄마는 늘 구체적으로 아이에게 말해주어야 한다.

아이가 길가의 꽃을 따려고 할 때는 이렇게 말해준다.

"이 꽃을 만져보고 싶구나. 하지만 꽃은 따면 안 돼. 보기만 하는 거야. 꽃을 따면 꽃이 아프거든."

아이가 전기 콘센트에 손을 집어넣으려고 하면 "여기에 손을 넣으면 안 돼. 손이 아프게 돼"라고 말해서 행동을 제지한다.

아이가 엄마 말을 무시하고 다시 손을 집어넣으려고 하면 엄마는 단호한 목소리로 반복해서 말하고 손을 붙잡아야 한다. 이런 과정을 반복하면서 아이는 자신의 행동을 조절하고 통제하는 방법을 익히게 된다.

부모는 아이가 자율적인 사람으로 자라도록 도와주어야 한다. 아이가 하고자 하는 일을 마음껏 해볼 수 있게 해야 하지만, 자기 욕구를 조절하고 통제하는 훈련도 해야 한다. 유아기부터 자기조절력을 길러주면 커서 참을성, 인내, 끈기를 발휘할 수 있게 된다.

아이의 행동에 대한 긍정적인 반응은 자립심 단계에서 성장에 꼭 필요하다. 아이의 의지를 건강하게 길러주기 위해서는 아이가 자신의 행위에 대해서 긍정적인 피드백을 받는 것이 필요하다. 그러나 옳지 않은 선택에 대해서는 엄격하게 반응해야 한다. 그래서 선택할 수 없는 것들도 있다는 것을 배워야 한다. 그렇지 않으면 자기 마음대로 해야만 직성이 풀리는 어른으로 자라게 된다.

규칙을 알려주고 지키게 한다

아이가 만 4세 정도 되면 활동량이 많아지고 움직임이 더욱 활발해져서 부모가 따라다니면서 통제하기가 힘들어진다. 아이는 자기가 직접 해보고 싶은 것이 많아서 이것저것 시도해보지만 아직 몸을 자유자재로 움직이기가 힘들어 사고를 친다. 아이를 통제해야 하는 엄마는 쉽게 지치게 되고 때로는 자제력을 잃어 아이를 과하게 혼내거나 야단치기도 한다.

아이는 더 고집스러워지고 자기주도성을 갖게 된다. 이 시기의 아이는 유추성이 없어서 무조건 일을 저지르고 본다. 양심이 생기는 시기이므로 누가 잘못했다고 말하지 않아도 아이는 무엇이 잘못되었는지 안다. 이때 야단을 맞으면 죄의식이 생기고 반대로 자신이 잘못한 것을 느낄 때 부모의 따뜻한 용서를 받으면 감사함을 배우게 된다. 그 감사의 마음은 평생 잊지 못하는 귀한 재산이 된다. 그러므로 아이가 실수했을 때 무조건 혼내지 말고 행동을 제재한 뒤 해서는 안 되는 행동이 무엇인지를 가르쳐 규칙을 배워나가도록 도와주어야 한다.

이 단계의 아이들은 죄의식에 아주 민감하기 때문에 컵 하나를 깨뜨린 것도 큰 잘못으로 생각한다. 이때 야단을 맞으면 '나는 나쁜 아이'라는 죄의식이 생긴다. 또 부모의 이혼이나 다툼, 자신과 전혀 상관없는 일에도 책임감을 느끼며 죄의식을 갖는다. 이러한 지나친 민감성 때문에 '나쁜 아이'라는 말로 계속 야단을 맞으면 아이는 결국 깊은 자기혐오감을 갖게 된다. 아이들은 자신의 행동이 '나쁜' 것과 한 사람으로서 '나쁜' 것을 구분할 수 없기 때문에 자신이 나쁘다는 의미로 받아들인다.

선악을 기초로 한 도덕적 개념도 형성되는 시기이므로 '잘했다'고 칭찬하면 자신을 선한 존재로 인식하고, 벌을 주거나 야단을 치면 자신을 악한 존재로 인식해서 지나친 죄의식을 갖게 된다. 만약 밖에서 맞고 들어온 아이에게 아빠가 "바보야, 왜 맞고 다녀. 너도 때려!"라고 말한다면 아이는 공격적 행동을 선한 행동으로 인식할 수 있다. 그러므로 아이의 잘못된 행동을 바로잡아 줄 때는 아이의 행동이 무엇이 잘못되었는지를 알려주고 그 행동이 왜 나쁜지 알도록 해주어야 한다.

한 초등학교에서 강의할 때의 일이다. 강의 장소는 학교 강당이었는데 앞쪽에 무대가 설치되어 있었다. 강의를 시작하려는데 다섯 살 정도 되어 보이는 아이가 무대로 올라오더니 소리를 질러댔다. 아이의 고함은 강의 분위기를 흐려놓았고 여러 사람의 눈살을 찌푸리게 했다. 나는 엄마가 아이를 제지하려니 생각하며 강의를 진행했는데 아이 엄마의 반응이 너무나도 의외였다.

아이의 엄마는 앞쪽 중앙에 앉아 있었는데 무대 중앙에서 고함을 지르는 아이를 흐뭇한 표정으로 바라보고 있는 것이 아닌가! 아이가 모든 사람을 방해하는데 어떻게 엄마는 흐뭇해할 수 있는지 나는 몹시 당황스러웠다. 강의를 진행하기가 어려워져 아이 엄마에게 "아이를 데려가서 조용히 하도록 해주시겠습니까?"라고 부탁했다. 엄마는 그제야 상황을 인식한 듯 아이를 무대에서 데리고 내려왔다.

아이에게 '남을 방해하면 안 된다' 는 것을 가르쳐야 하는 엄마가 아이가 남을 방해하는데도 그 상황을 방관하고 더군다나 그 행동을 자랑스럽게 지켜본다면 아이는 자신의 행동이 정당하다고 생각할 것이다. 사람들 사이에서 자신의 행동을 어떻게 통제해야 하는지에 대한 규칙을 배우지 못한 아이는 학교에 가거나 큰 집단에서 생활할 때 지켜야 할 규칙을 받아들이기가 어려워진다.

사람이 함께 더불어 살아가기 위해서는 내가 원치 않아도 지켜야 할 규칙이 있다. 약속된 규칙을 잘 지키는 사람이 어떤 집단에서도 환영받고 필요한 사람으로 성장한다. 아이가 소리를 질러 주변을 어지럽게 할 때 일차적으로 해야 하는 일은 아이의 행동을 중지시키는 것이다. 그런 다음 아이의 주도성을 키워주면서 규칙을 배우게 하려면 이렇게 하는 게 좋다.

아이를 밖으로 데리고 나가야 한다. 아이가 싫다고 고집을 부려도 이때는 엄마의 힘으로 아이를 데리고 나간다. 아이의 행동 때문에 엄마가 화가 났다면 깊은 숨을 쉬고 감정을 누그러뜨린 다음 말해야 한다.

"무대 위에 올라가서 크게 소리쳐 보고 싶구나. 사람들이 널

쳐다봐주니 기분 좋지? 그런데 지금은 안 돼. 지금은 엄마들이 공부하고 있으니 조용히 해야 해. 다른 사람을 방해하면 안되니까 다 끝나고 나면 무대에 올라가서 놀자."

이렇게 아이의 욕구를 읽어주고 행동에 대해 명확한 한계를 정해주어서 "다른 사람을 방해하면 안 된다"는 것을 알도록 해야 한다.

이 시기에는 아이의 도덕성이 커간다. 아이에게 규칙의 필요성을 알려주고 아이가 지켜야 하는 규칙을 일관되게 알려주어야 한다. 때로는 아이가 좌절도 경험해야 한다. 내 마음대로 안 되는 것도 있다는 것을 알아야 한다. 아이 기죽일까봐, 창의성을 키워주기 위해서 아이의 행동에 제약을 가하지 않는 것은 장기적으로 아이를 사회부적응아로 만드는 꼴이 된다. 지금 마음이 아프더라도 아이의 성장을 위해서는 아픔을 감수하고 아이에게 단호하고 엄격한 태도로 규칙을 지키도록 가르쳐주어야 한다.

근면성을
몸에 배게 하라

아이가 초등학생이 되면 근면성을 키우도록 부모가 도와주어야 한다. 근면은 '부지런하게 힘쓴다'는 뜻이다. 초등학교 아이들은 선생님이 시키는 심부름도 열심히 의욕적으로 한다. 무엇이든 "저요, 저요" 하며 의욕을 보이고 온 힘을 다해 노력하는 것을 볼 수 있다.

우리 아이는 초등학교 때 자기 실내화를 직접 빨았다. 어른들도 귀찮아 할 만한 일인데 아이는 자기 실내화를 열심히 빨아 하얗고 깨끗해지는 것을 무척 좋아했다. 자기 실내화를 직접 깨끗하게 빨아서 신으면서 아이는 자기 일을 열심히 해서 얻는 근면함과 성취감, 유능감을 얻었다.

아이가 초등학교 시기에 집에서 물고기를 길렀는데 물고기 밥을 주고 물을 갈아주고 어항을 청소하는 일은 아이의 몫이었다. 물고기 기르기를 좋아했기 때문에 잊지 않고 매일 밥을 챙겨주었고, 휴일이면 어항 청소도 깔끔하게 해주면서 물고기를 정성껏 보살폈다. 어항의 물을 갈 때면 우선 뜰채로 물고기를 떠서 다른 그릇에 옮겨둔 뒤 어항에 낀 물때를 깨끗이 닦아내고 새로운 물을 넣은 다음 물고기를 옮겼다. 늘 반복되는 이 일을 아이는 싫증 내지 않고 즐겁게 했다. 아이는 물고기 돌보는 일로 근면성을 익힐 수 있었다. 3학년 때는 학교 특기적성 시간에 비즈공예를 선택해서 구슬로 각종 장신구를 만들었다. 구슬을 한 올 한 올 끼워 자신이 원하는 액세서리를 완성하면서 아이는 무척 기뻐했다.

나는 아이가 무엇에 몰입해서 집중할 때 "하지 마라", "그만하라"는 말을 삼가려고 노력했다. 아이가 좋아하는 활동에 몰두할 때 자연스럽게 근면성을 키워나가도록 옆에서 지켜봐주고 칭찬해주었다.

아이가 어느 날 재활용품 쓰레기를 잔뜩 들고 왔기에 무엇에 쓸 것인지 물었더니 다용도함을 만들겠다고 했다. 집어온 물건들을 깨끗이 씻어서 아이는 며칠에 걸쳐 함을 만들었다. 밤을 새울 정도로 몰입한 날도 있다. 나는 그만하라고 하지 않고 끝까지 완성할 수 있도록 기다려주었다. 완성한 다용도함은 예술작품처럼 멋졌다. 직접 손으로 오리고 붙이고 장식해서 만든 세상에서 하나밖에 없는 상자를 보며 아이는 무척 뿌듯해했다. 상자를 완성함으로써 느낀 성취감과 성공의 경험은 '무엇이든 노력하면 할 수 있다'는 자신감으로 연결되었을 것이다. 아이는 학교생활에 항상 의욕적이었고 무엇이든 열심히 하려고 노력과 정성을 기울이는 모습을 보여주었다.

초등 시기에 형성된 근면성은 일생을 살아나가는 데 커다란 자산이 된다. 그런데 요즘 부모들은 아이가 좋아하는 활동을 할라치면 못하게 한다. 아이들이 부모에게서 듣는 말 중 "쓸데없는 짓 그만하고 공부하라"는 말을 제일 싫어한다고 한다. 초등학교 4학년 아이가 자기 실내화를 빨겠다고 했더니 엄마는 "세탁기에 넣어 빨면 될 걸 쓸데없는 짓을 왜 하느냐"며 나무랐다고 한다. 요리를 해보겠다는 아이에게 "귀찮게 하지 말고 주방에서 나가"라고 말하는 엄마도 있다. 이런 태도로는 아이의 근면성을 키워줄 수 없다. 오히려 "나는 할 수 있는 것이 없다"는 열등감을 키우게 된다.

좋아하고 잘하는 것으로 근면성을 키울 수 있다

요리를 좋아하는 아이는 자기가 직접 음식을 만들고, 축구를 좋아하는 아이는 열심히 연습해서 공을 다루는 기술을 익히고, 손

재주가 좋은 아이는 자기 손으로 직접 공예품을 만들어봄으로써 근면성을 키워갈 수 있다. 아이가 축구를 좋아하면 축구를 즐겁게 하도록 해주고, 요리를 좋아하면 요리를 해보도록 기회를 주어야 한다. 자신이 좋아하고 즐기는 활동을 함으로써 아이는 자신의 노력으로 무언가를 만들고 자신이 좀 더 나아지는 것을 경험한다.

초등 시기에 근면성을 키우지 못하면 아이에게는 열등감이 생겨난다. 열등감은 "용모나 능력 등에서 다른 사람보다 못하다"는 느낌을 뜻한다. 요즘 초등학교 아이들은 의외로 열등감을 많이 느낀다. 무엇이든 해보려고 하기보다는 "못해요", "소질이 없어요"라는 말을 먼저 한다. 성공한 경험도 별로 없다. 자신의 성공경험을 얘기해보게 하면 성공이라는 낱말을 낯설어할 정도로 아이들은 무기력해 보인다. 예전보다 훨씬 많은 것들을 배우고 지식도 많은 아이들이 정작 성공경험은 빈약하다. 능력이 많은데도 아이들은 자신에 대한 긍정적인 느낌이 부족하다. 이것은 자신이 괜찮은 사람이라고 느끼는 자존감이 낮은 결과라고 할 수 있다.

자존감이 낮아지는 이유는 바로 부모가 아이를 바라보는 태도 때문이다. 자존감은 아이가 무엇을 얼마나 알고 있느냐, 무엇을 가지고 있느냐에 따라 결정되지 않는다. 부모를 비롯한 아이 주변의 사람들이 아이를 어떻게 바라보느냐에 따라 결정된다. 아이를 긍정적으로 바라보고 아이를 존재 자체로 인정해주고 존중해주면 아이는 높은 자존감을 갖게 된다.

그런데 아이가 즐거워하는 활동을 하려고 하면 '쓸데없는 짓'으로 치부해서 비판하거나 나무라고, 엄마가 시키는 공부를 해도 칭찬보다는 부족한 것에 더 초점을 맞추다보니 아이 내면에는 열등감이 자라는 것이다. 열등감이 큰 사람은 자신을 믿지 못한다. 할 수 있다는 자신감도 부족하고 어려운 일을 만나면 금방 포기해버리고 만다. 아이가 열등감이 있는 사람으로 자라기를 바라는 부모는 없을 것이다. 그렇다면 아이가 흥미 있어 하는 것들을 적극적으로 할 수 있도록 부모가 도와주어야 한다.

초등학교 6학년인 예림이는 공부에 별 흥미가 없었다. 특히 여기저기 엄마에게 이끌려 다녀야 하는 학원공부가 너무 힘들었다. 엄마는 성적이 떨어지는 것을 걱정해서 공부를 많이 시켰지만 공부를 열심히 해야 하는 예림이는 왜 공부를 해야 하는지 이유를 찾지 못했다. 싫어하는 공부를 엄마의 강요 때문에 해야 하니 공부가 더 힘들게만 느껴졌다.

예림이 엄마는 예림이가 걱정되어 나를 만나게 해주었다. 나는 예림이를 만나서 '제일 흥미있는 일'이 무엇인지를 물어보았다. 예림이는 동물에 관심이 무척 많았다. 특히 개를 좋아해서 알고 있는 개 종류도 전문가 수준이었고, 다른 동물의 생태에 대한 지식도 상당했다. 앞으로 무엇이 되고 싶으냐는 물음에 예림이는 "부모님이 외교관이 되기를 원한다"고 대답했다. 정작 자신은 무엇이 되고 싶은지를 모른다는 것이었다.

예림이 엄마와 면담하면서 아이에게 무작정 공부만을 강요하기보다는 자신을 탐색할 수 있는 기회를 주기를 권했다. 예림이는 진로탐색 프로그램을 통해 수의사, 동물사육사, 환경운동가, 동물학자 등 자신의 재능을 활용할 수 있는 직업이 많다는 것을 알게 되었다. 또 침팬지의 대모 제인구달을 좋아하게 되었다.

예림이 부모는 방향을 바꾸어 아이가 기르고 싶어 하는 개를 기르도록 해주었고, 휴일이면 개 카페에 놀러가서 개를 실컷 볼 수 있도록 해주었다. 예림이는 목표도 생겼다. 아픈 동물을 낫게 해주는 수의사가 되기로 했다. 그리고 환경보호단체에도 회원으로 가입해서 환경보호를 위해 자원봉사 활동도 하게 되었다. 앞으로 훌륭한 일을 하기 위해서는 공부도 해야 한다는 것을 알게 되었다. 부모가 공부를 강요하지 않으니 이제 공부가 지겹다는 생각은 덜 수 있게 되었다. 자기가 할 수 있는 만큼 공부하며 꿈을 키워나갈 수 있게 된 것이다.

아이가 즐겁게 하는 활동을 유심히 살펴보면 그 안에 재능이 숨어 있음을 발견할 수 있다. 누구나 좋아하는 일은 열심히 하게 마련이다. 자신에게 흥미가 있는 것들은 의욕이 충만하여 기를 쓰고 해낸다. 아이에게 흥미가 없는 것을 강요해서 아이의 열등감을 자극하기보다는 좋아하고 즐거워하는 활동을 하게 함으로써 노력하고 열심히 하는 근면성을 키워가도록 하자.

좋은 습관은 근면성의 토대다

아이들이 근면성을 익히게 하기 위해서는 학교 숙제, 준비물 챙기기 등을 스스로 할 수 있도록 도와주어야 한다. 또 복습과 예습을 하는 습관을 만들어주어야 한다. 좋은 습관을 키워주면 기본적인 근면성을 갖게 되고 중·고등학교에 올라가서 주도적인 학습능력을 갖게 된다.

초등학교 3학년인 수혁이는 아침에 엄마에게 혼이 났다. 전날 알림장을 확인하지 않아서 준비물을 챙기지 못했기 때문이다. 담임선생님은 알림장에 엄마의 사인을 받아오도록 했다. 사인을 해가지 않으면 벌을 서야 한다. 수혁이는 아침에 엄마에게 사인을 받으려고 했지만 엄마는 사인을 해주지 않았다. 선생님께 혼이 나야 반성을 하고 다시는 실수를 하지 않을 거라고 생각했기 때문이다.

그런데 엄마의 생각과 달리 수혁이는 선생님께 혼이 나지 않았다. 엄마의 사인을 그대로 흉내 내서 위조한 것이다. 엄마는 수혁이를 나무라고 다시는 그런 짓을 해서는 안 된다고 타일렀지만 아이는 건성으로 대답할 뿐이었다.

아이가 알림장에 엄마의 확인을 받는 과제를 엉뚱한 방법으로 해결하는 이유는 알림장을 챙기는 습관을 아직 갖지 못했기 때문이다. 수혁이 엄마는 아이가 학교에서 오자마자 알림장을 우선 확인해야 한다. 준비물이 있는지, 숙제가 무엇인지를 아이와 함께 확인한 뒤 숙제를 마무리하도록 도와주고, 가방도 전날 미리 챙기라고 얘기해주어야 한다. 말로만 숙제해라, 준비물 챙겨라 해서는 습관이 만들어지지 않으므로 익숙해질 때까지 함께 도와주어야 한다.

나는 아이가 학교에서 돌아오면 매일 알림장을 확인하고 과제와 준비물을 미리 챙기도록 도와주었다. 3학년까지 매일 아이와 함께했더니 습관이 만들어져서 고학년이 되어서는 엄마가 도와줄 일이 없게 되었다. 근면한 습관이 몸에 배어서 말하지 않아도 스스로 잘할 수 있게 된 것이다.

또 좋은 공부습관을 가져야 한다. 좋은 공부습관을 기르려면 아이가 받아오는 점수나 성적표에 너무 집착해서는 안 된다. 엄마의 욕심 때문에 아이를 무조건 학원에 보내서 학원에만 의존하는 공부를 하게 해서는 안 된다. 당장은 성적이 좋아도 실력이 부족한 아이는 공부가 어려워지는 고학년 이상이 되면 스스로 공부할 수 있는 힘이 부족해서 공부에 어려움을 겪는다.

초등 시기는 몇 점을 맞느냐보다는 혼자 공부할 수 있는 힘을 키우는 것이 중요하다. 시행착오를 겪으면서 공부 방법을 터득하고 매일 꾸준히 공부하는 습관을 만들면 중 · 고등학교에서 어려운 공부도 잘해낼 수 있게 된다.

소통의 힘을 기른다

2

아이는 태어난 순간부터 감정 표현을 통해 부모와 소통한다.
가트맨 박사는 아이의 감정을 충분히 받아 주고
좋은 감정으로 이끌어 주는 것이
부모의 가장 큰 사랑의 기술이라고 강조한다.
자녀에게 정서적으로 열려 있고 공감해 주는 부모, 아이가 힘들 때
잘 다독여 주는 부모가 아이들에게는 절대적으로 필요하다.

평가하지 말고
아이의 감정에
공감하라

재민이가 학교에서 돌아오는 길에 친구들을 데리고 와서 집에서 재미있게 놀았다. 친구들이 돌아간 뒤 재민이의 방은 정신없이 어질러져 있다. 엄마는 재민이가 방을 정리하기를 바라고 이렇게 말한다.

엄마: 재민아, 방이 어질러져 있다. 치워라.

재민: 내가 어지른 거 아니야.

엄마: 그럼 누가 그랬어?

재민: 아까 친구들이 어질렀단 말이야.

엄마: 너도 친구랑 같이 놀았잖아. 같이 놀면서 어질렀으면 치워야지.

재민: 싫어!

엄마: 네 방을 누가 치워야 해? 방 치우지 않으면 다시는 친구 못 데리

고 온다.

재민: 엄마는 나만 못살게 굴어.

엄마: 너 무슨 말버릇이니? 엄마가 네 방은 네가 치워야 한다고 했지!

네 방 치우기 싫으면 방에서 놀지도 마!

자신의 방을 스스로 잘 정리하기를 바라는 엄마의 마음과 달리 재민이는 방 정리하는 것이 귀찮고 싫다. 엄마는 정리정돈을 잘하는 아이로 키우고 싶은 마음에 아이를 다그치며 방 정리를 하도록 강압적으로 지시한다. 엄마의 불호령이 무서운 아이는 마지못해 방을 치우겠지만 다음에 또 이런 상황이 생기면 '어떻게 하면 지겨운 방 청소를 피할까?'를 궁리하게 되고 엄마와 아이는 또다시 부딪치게 될 것이다.

아이에게 좋은 습관을 길러주고 바른 태도를 가르치는 것은 부모의 역할이다. 그러나 부모는 아이를 가르치기만 하는 교사가 아니다. 심판관처럼 아이를 지나치게 평가하는 태도를 취하면 아이는 부모에게 친밀감을 느끼기가 어렵다. 부모의 평가가 긍정적이든 부정적이든 아이의 자존감 형성에 부정적인 영향을 미친다.

부모는 아이에게 우선 따뜻하고 편안한 상대가 되어야 한다. 부모에게서 마음을 이해받게 되면 아이는 부모를 믿고 의지하게

된다. 부모 아이 사이에 신뢰관계가 구축되어야 부모의 가르침이 아이에게 긍정적인 영향력을 발휘할 수 있다. 아이에게 따뜻한 부모가 되는 방법은 무엇일까? 그것은 바로 아이를 평가하는 태도를 자제하고 아이의 마음을 공감해주는 것이다. 공감이란 내 처지를 보류하고 상대의 마음에서 일어나는 느낌을 상대의 처지에서 똑같이 느끼는 것이다.

위의 경우 아이가 방 정리 하기를 싫어할 때 아이의 마음은 어떤 상태일까? 아마도 방 정리가 '귀찮고 혼자 정리하기에 힘들게' 느껴질 것이다. 엄마는 아이에게 강압적으로 방을 정리하도록 시킬 것이 아니라 아이의 마음 상태를 공감해본 다음 그 마음을 말로 들려주어야 한다.

엄마: 재민이가 방 청소하려니까 귀찮고 힘든가 보구나.

재민: 응…… 나 혼자 하는 거 재미없고 귀찮아.

엄마: 그래. 어질러진 방을 혼자 치우기가 힘들 거야. 엄마랑 함께 치울까?

재민: 좋아, 좋아.

엄마: 네가 치울 수 있는 게 뭐가 있을까? 장난감하고 책만 제자리에 정리하자. 엄마가 다른 거는 도와줄게.

재민: 엄마랑 같이 하니까 재미있다.

아이의 마음을 공감해주니 아이도 자신의 마음을 솔직하게 표현할 수 있게 되었다. 그리고 엄마는 아이를 '시키기' 보다는 '도와주어서' 아이가 자신의 방을 치웠다는 기분을 느낄 수 있도록 해주었다. 아이가 아직은 혼자 방 정리하는 것에 미숙하더라도 엄마가 적절하게 도와주어서 정리하는 기쁨을 느낄 수 있도록 한다면 부모를 심판관이 아니라 자신을 도와주는 사람으로 믿을 수 있게 될 것이다. 엄마와 함께함으로써 정서적인 교류가 원활해지고 성취감을 느끼도록 도와주자. 그런 과정이 반복되면 어느새 혼자서도 잘할 수 있는 아이로 성장한다.

우리 아이가 초등학교 5학년 때 학교에서 과학시험을 보고 와서는 시험 본 이야기를 했다.

아이: 엄마, 오늘 학교에서 과학시험 봤어.

엄마: 응, 그래. 어떻게 봤어?

아이: 완전 망쳤어. 60점 맞았어.

엄마: 그래? 60점 받은 기분이 어땠니?

아이: 채점한 시험지 받고 울 뻔했어.

엄마: 더 잘하고 싶었는데 기대대로 점수가 안 나와서 속상했구나.

아이: 응…… 나는 과학을 너무 못 하나봐.

엄마: 과학을 잘하고 싶은데 아직 잘 안 되는구나. 어떤 문제가 어려웠는지 엄마와 함께 시험지를 검토해보자.

나는 아이가 시험을 망쳤다는 말에 화를 내거나 실망한 모습을 보이기 전에 아이의 기분을 먼저 물어보았다. 아이는 "울 뻔 했다"는 대답을 했다. 울음이 나올 정도로 아이는 자기 점수에 실망한 것이다. 이때 나는 "그러니까 공부를 더 했어야지"라거나 "너 공부 안 할 때 알아봤다"는 식의 평가적이고 비판적인 말을 자제하고 아이의 마음을 공감해주었다. 시험을 못 본 당사자가 가장 마음이 아픈 법이기 때문이다.

나는 아이의 마음을 공감해준 다음 시험지를 함께 훑어보면서 아이가 부족한 점이 무엇인지를 살펴보았다. 시험문제는 모두 서술형이었다. 어떤 문제는 실험과정을 순서에 맞게 잘 서술한 것도 있었고 어떤 문제는 답을 못 쓴 것도 있었다. 또 어떤 문제는 실수해서 틀린 것도 있었고, 정확한 개념과 원리가 헷갈려서 틀린 것도 있었다. 아이와 함께 차근차근 문제를 살펴보면서 잘 푼 것은 칭찬을 해주었다.

"실험과정을 순서대로 잘 서술했구나. 엄마가 읽어보니까 실험을 직접 해본 것처럼 이해가 잘 되네."

틀린 문제는 왜 틀렸는지 원인을 찾아보도록 했다. 아이는 무엇이 부족했는지를 구체적으로 알게 되었다.

"네가 과학을 못 하는 게 아니라 공부 방법을 잘 몰랐던 거야" 라고 말해주니 아이는 "엄마, 이제는 대충 공부하면 안 되겠어. 원리를 제대로 이해하고 꼼꼼히 공부해야겠어"라고 진지하게 말했다.

엄마와 대화하면서 아이는 시험을 망쳐서 엉망이었던 기분에서 벗어날 수 있었고 무엇보다도 "나는 과학을 못 해"라는 단정적인 생각에서 "과학공부를 좀 더 꼼꼼하게 해야겠어"라는 생각으로 바뀔 수 있었다. 실패를 경험하면서 공부 방법을 찾을 수 있었고 이후 아이는 과학공부에 자신감을 갖게 되어 과학이 흥미 있는 과목으로 바뀌었다.

아이가 실패를 경험했을 때 부모가 아이의 존재에 대해 부정적인 평가를 하거나 낙인을 찍는다면 아이는 더 나은 방법을 찾기 위해 노력하기 어렵고 자신의 숨겨진 가능성을 찾아낼 수 없다.

아이에게 최고의 마음치료제는 '부모의 공감'이라고 한다. 아이가 어려움에 처해 있을 때 지나치게 잘잘못을 따지거나 단정적으로 결론 내리는 것은 무척 위험하다. 아이의 마음속으로 들어가 힘든 마음을 함께하면서 공감해주면 아이 마음의 상처는 치유된다. 새살이 돋은 건강한 마음은 "다시 한 번 해보자"는 도전의식으로 발전될 수 있다.

아이의 감정을
코치하라

새 학년이 시작되면 초등학교 앞 문방구에서는 병아리를 가져다가 파는 경우가 종종 있다. 아이들은 신기해하면서 기르고 싶은 호기심이 생겨 병아리를 사서 집으로 가져온다. 아이가 사온 병아리를 보면서 부모는 어떻게 반응하는가? 병아리를 잘 기르도록 도와주는 부모도 있지만, 쓸데없는 짓을 했다며 혼내는 부모도 있을 것이다. 부모는 그 병아리가 얼마 못 살고 죽을 것임을 경험으로 잘 알고 있기에 아이의 행동에 긍정적으로 반응해주기가 어렵다.

실제로 병아리가 며칠 못 살고 죽게 되어 아이들이 실망하고 슬퍼할 때 부모는 어떻게 반응하는가?

"잊어버려. 엄마가 다른 거 사줄게."

"병아리 하나 죽은 거 가지고 뭘 그렇게 슬퍼해?"

"이 병아리 원래 병든 거야. 이거는 원래 오래 못 살아."

혹시 이렇게 반응해버리진 않았는가? 그런데 아이는 길러보고 싶던 병아리를 사들고 집에 왔을 때, 애쓰고 길러보려던 병아리가 죽었을 때 부모의 어떤 반응을 기대했을까? 부모가 어떻게 반응해주어야 자신의 감정을 충분히 느끼고 잘 다스려 다음에는 좀 더 나은 선택을 할 수 있을까?

심리학자 존 가트맨 박사는 아이의 기쁨이나 행복 등 긍정적 감정뿐만 아니라 슬픔이나 분노, 두려움 등의 부정적 감정도 무시하지 말고 표현하게 하라고 했다. 부정적인 감정도 아이의 소중한 감정임을 인정해주고 받아들여야 한다. 그럼으로써 부모는 아이에게 중요한 교훈을 가르치며, 아이와 더 친밀한 관계를 맺을 수 있는 좋은 기회로 활용할 수 있게 된다. 이렇게 아이들의 감정에 관여하는 부모를 가트맨 박사는 '감정코치'라고 했다. 가트맨은 부모와 아이 사이의 사랑의 교감은 철저히 감정의 소통으로 이루어진다고 했다.

가트맨 박사는 부모가 아이를 대하는 유형을 네 가지로 분류했다. 아이의 말이나 행동을 대수롭지 않게 축소해서 이야기하는 축소전환형, 아이의 행동을 부모 기준으로 판단하고 억압적으로 꾸짖는 억압형, 아이의 행동을 별것 아닌 것처럼 무관심하게 대하는 방임형, 아이의 행동을 아이의 눈높이에서 같이 생각하고 아이와 대화로 푸는 감정코치형이 그것이다.

축소전환형, 억압형, 방임형 부모는 먼저 아이의 감정을 이해하려고 하지 않고, 자기들 기준에서 아이의 행동을 판단하고 이야기하거나 야단을 치기 때문에 아이와 제대로 대화하기가 어렵게되어 결국 부모와 아이 모두 감정만 상하게 된다. 아이가 컴퓨터 게임을 하고 있을 때 "빨리 꺼", "공부해"라는 식의 일방적인 명령이나 요구하는 말투는 아이의 반발심을 자극한다.

감정코치형 부모는 자신의 감정과 사랑하는 사람의 감정 파악 능력이 뛰어나다. 그러므로 아이가 화, 분노, 짜증 등 부정적인 감정을 드러낼 때도 아이의 감정을 적극적으로 이해하고 조언하며 아이 스스로 좋은 감정으로 바꿀 수 있도록 도와준다.

아이의 문제행동에 부정적으로 반응하거나 감정이 극단적으로 치닫지 않게 않으려면 반드시 감정코치가 필요하다. 감정코치는 부모가 아이의 감정에 공감하고 아이가 분노, 슬픔, 두려움 등의 부정적 감정을 극복하도록 이끌어주는 과정을 가리키는 말이다. 가트맨은 감정코치를 받은 아이가 받지 않은 아이보다 건강하고 학업성적도 우수할 뿐 아니라 교우 관계도 원만하다고 했다.

또 감정코치를 받은 아이는 부정적 감정보다 긍정적 감정에 더 많이 노출되고, 무엇보다 정서적으로 매우 똑똑하다고 덧붙였다. 즉 부정적 감정인 슬픔과 분노의 근원을 제대로 알고, 빨리 안정되며, 스트레스에 대한 회복력 또한 높다. 이 모든 요소가 정서

지능(EQ)을 높여 사회성이 뛰어난 성인으로 성장하도록 돕는다. 감정코치를 받은 아이는 다정하고 창의적이며 긍정적인 인간으로 성장할 수 있는 것이다.

아이의 감정을 인식한다

아이의 느낌을 부모가 느끼기 위해서는 부모가 먼저 자신의 감정을 인식하고, 그런 다음 아이의 감정을 인식해야 한다. 감정의 인식이란 자신이 어떤 감정을 느끼고 있음을 깨닫고, 그때의 감정이 무엇인지 구분하며, 거기에 덧붙여 다른 사람이 느끼는 감정을 민감하게 살피는 것이다.

아이가 슬퍼하거나 화내거나 두려워할 때 부모는 아이의 처지에서 그 감정을 공유하려고 노력해야 한다. 그런데 부모가 어린아이 수준의 감정을 똑같이 느끼기는 쉽지 않다. 병아리가 죽었을 때 아이의 슬픔은 무척 크다. 다른 많은 죽음을 봐오고 경험한 부모는 병아리 한 마리 죽은 것을 대수롭지 않게 여기거나 시간이 지나면 잊힐 것이라고 생각한다. 그러나 이런 감정을 처음 겪는 아이는 충격적인 아픔을 느낄 수밖에 없다. 아이들은 아직 경험이 부족하기 때문에 어른에 비해 훨씬 더 민감하게 상처받기 쉽다는 것을 이해해야 한다.

아이의 감정이 격해지는 순간에 부모가 아이와 감정을 공유하면 서로 더욱 친밀해질 수 있는 좋은 기회가 된다. 부모가 아이의 부정적인 감정에 관심을 표현해주면 아이는 부모가 자기편임을 알게 되어 부정적인 감정을 잘 처리할 수 있는 힘을 얻는다. 아이가 힘든 상황에 놓여 있을 때 함께 해주면 아이는 부모에게서 친밀감을 느낀다.

아이의 감정에 이름을 붙여준다

'듣는 것'은 귀로 정보를 수집하는 것 이상을 의미한다. 말하는 사람에게 귀를 기울이는 사람은 귀뿐만 아니라 눈도 동시에 사용한다. 즉 아이의 감정을 나타내는 눈빛과 몸짓을 함께 관찰하는 것이다. 또 상상력을 동원하여 아이의 관점에서 상황을 바라본다. 무엇보다 중요한 것은 풍부한 감성으로 아이가 느끼는 것을 함께 느낀다는 점이다.

이심전심으로 아이의 감정 속으로 들어가서 동참하고 같이 느끼는 것이다. 아이의 감정을 존중하고 아이의 감정이 타당하다고 알려준다. 아이의 감정을 진지하게 받아들이려면 감정이입은 물론, 아이 말에 귀를 기울이고 아이의 관점에서 상황을 보려고 노력해야 한다.

아이의 눈높이에 맞춰 아이를 바라보고 아이에게 집중한다. 부모가 자신에게 집중하면 아이는 부모가 자신의 걱정을 진지하게 받아들이고 있으며, 그 문제에 대해 대화하고 싶어 한다는 것을 안다. 아이가 자신의 감정을 드러낼 때 부모는 듣고 관찰한 바를 짚어줘야 한다. 그렇게 함으로써 부모가 이야기를 주의 깊게 듣고 있으면 자신의 감정을 타당하게 생각한다는 확신을 준다.

감정코치에서 가장 중요한 단계는 아이가 감정이 생겼을 때 그 감정에 이름을 붙여주는 일이다. '긴장한, 걱정하는, 마음이 아픈, 화난, 슬픈, 두려운' 등의 단어를 말로 표현해주면 아이는 형태가 없고, 무섭고, 불편한 감정을 정의 내릴 수 있고, 그것을 감정의 일부분으로 받아들일 수 있다. 화, 슬픔, 두려움은 모든 사람이 겪는 감정이자 누구나 다스릴 수 있는 감정이라는 사실을 느끼는 것이다.

감정에 이름 붙이기는 공감대 형성과 함께 이루어진다. 아이의 두 눈에 눈물이 글썽이는 것을 보고 "너 많이 슬프구나"라고 말해준다. 이제 아이는 이해받았을 뿐만 아니라 자신의 격렬한 감정을 표현할 단어도 갖게 된다.

부모가 아이의 감정을 민감하게 잘 읽을 수 있으려면 우선 자신의 감수성을 끌어올려야 한다. 매일 느끼는 감정을 구별하여 행복, 기쁨, 슬픔, 사랑, 억울함, 두려움 등으로 이름을 붙이고 여러 감정이 솟아날 때마다 기록하는 것도 좋은 방법이다. 이런 훈련을 거듭하면 부모는 자신의 감정을 잘 다스릴 수 있게 되고 아이의 감정을 읽는 일도 쉬워진다. 자신의 감정을 잘 아는 부모는 풍부한 감수성으로 아이의 감정에 동조할 수 있다. 이런 훈련으로 아이의 감정에 공감하면 아이는 부모가 자신을 사랑하고 있음을 확인할 수 있다.

연구 결과에 따르면, 감정을 표현하는 행동은 신경계에 진정 효과를 가져와서 마음을 힘들게 하는 사건에서 빨리 회복할 수 있도록 돕는다. 어떤 감정을 경험할 때 그 감정에 대해 이야기하면 언어와 논리를 담당한 좌뇌가 움직이게 되고, 그 결과 아이가 집중하고 진정하는 데 도움이 된다고 한다.

주의할 점은 아이가 자기감정을 묘사할 수 있는 단어를 찾도록 표현해주는 것이지 아이들에게 어떻게 느껴야 하는지를 가르치라는 뜻은 아니다. 아이들은 아직 감정이 세세하게 분화되어 있지 않다. 그래서 감정이 불편할 때 '미워, 싫어, 화가 나' 등의 말로 뭉뚱그려 자신의 감정을 표현한다. 이때 부모는 아이의 감정을 공감해줌으로써 감정 분화를 도와줄 수 있다. 부모가 아이의 감정을 세분해서 언어로 표현해주면 아이의 부정적인 감정은 해소되어 편안한 상태가 된다.

예를 들어 아이가 "엄마는 동생만 예뻐해, 엄마 미워"라고 말하면 엄마는 아이의 마음을 읽고 아이의 감정에 이름을 붙여준다.

"엄마가 동생만 예뻐하니까 네가 속상하구나" "너랑 안 놀아쳐서 외롭구나"라고 말해준다. 자신의 미분화된 감정에 엄마가 '속상하구나', '외롭구나'라고 이름을 붙여주면 아이는 자신의 속상하고 외로운 감정을 잘 인식할 수 있게 되고 그 감정이 해소되어 정서적으로 건강한 상태가 된다.

그리고 이후, 비슷한 상황에 놓이게 될 때 자신의 외로움과 속상함의 감정을 잘 알아차리고 말로 표현하며 해소할 수 있는 방법도 찾을 수 있게 된다.

스스로 문제를 해결하도록 이끌면서 행동에 한계를 정해준다

아이가 느낀 감정에 대해 그럴 만하다고 충분히 인정해주면서, 좀 더 나은 방법으로 표현해주면 아이의 성품과 자존감은 훼손되지 않는다. 또 아이는 심적으로 지쳐 있지만 해결책을 찾도록 도와주고 자신을 이해해주는 어른이 자기편임을 깨닫는다.

아이가 스스로 문제를 해결하도록 도우려면 직면한 문제와 관련하여 어떻게 하고 싶은지를 아이에게 묻는다. 대안적인 해결책을 여러 개 내놓기 힘든 어린아이에게는 부모의 생각이 도움이 된다. 하지만 부모가 미리 나서지 않는 것이 좋다. 아이가 해결책을 자기 것으로 소화하기 바란다면, 스스로 생각해내도록 도와주어야 한다.

병아리가 죽어서 슬퍼하는 성재와 감정코치의 대화로 이야기
해보자.

성재: 병아리가 죽어버렸어.

엄마: 잘 길러보고 싶었을 텐데 안타깝겠구나. 병아리한테 먹이도 주
고 자라는 것도 지켜봐주고 병아리 엄마가 되어주고 싶었지?

성재: 죽어버려서 이제 키울 수도 없어.

엄마: 정말 슬프겠구나. 다시 볼 수 없어서……

성재: 병아리가 너무 불쌍해…… 그래서 너무 슬퍼……

엄마: 그래…… (아이가 슬픔을 느끼며 충분히 울도록 기다리면서 아
이를 안아준다.)

성재: 이 병아리를 어떻게 해야 해?

엄마: 이제 같이 살 수는 없으니까 어디에 묻어줄까?

성재: 우리 집 화분에 묻어줘도 돼?

엄마: 그러자. 아마 병아리가 흙에 영양분을 줘서 나무가 더 잘 자라게
될 거야.

성재: 나무 이름을 병아리 나무라고 해줄래.

엄마: 그래. 엄마도 그렇게 불러줄게.

엄마는 아이의 감정코치로 아이가 자신의 감정을 잘 알아차리

도록 공감해주었고 슬픈 상황을 잘 이겨내고 해결하도록 도와주었다. 대화 과정을 다시 정리해보자.

첫째, 병아리를 잘 돌봐주고 병아리 엄마가 되어주고 싶었던 아이의 마음과 그것이 좌절된 슬픔을 이해해주었다.

둘째, 아이가 슬퍼서 울 때 감정을 서둘러서 정리하게 하거나 관심을 다른 데로 돌리도록 유도하지 않고 안아주면서 슬픔에 충분히 잠길 수 있도록 기다려주었다.

셋째, 아이가 스스로 문제를 해결하도록 이끌면서 행동에 한계를 정해주었다. 죽은 병아리는 함께 살 수 없다는 것을 알려주었다. 아이는 스스로 병아리를 화분에 묻어주겠다는 해결책을 찾아낼 수 있었다.

사람은 부모에게서 대접받은 대로 자신을 대접한다고 한다. 아이가 부모에게 자신의 감정을 잘 수용받고 감정을 적절하게 표현할 수 있다면 성인이 되어서 힘든 상황을 만났을 때 자신의 감정을 조절하기가 쉬울 것이다. 아이가 감정표현을 두려워하게 만들지 말고 어떤 감정이든 표현함으로써 해소할 수 있도록 도와주는 부모가 되자.

아이의 몸짓언어를
이해하자

　부모들이 아이에게 답답함을 느낄 때는 '아이의 마음속에 뭐가 들어 있는지 모를 때'이다. 아이가 자기의 마음을 알아듣기 쉽게 말로 표현하면 엄마도 아이가 원하는 것을 알 수 있을 텐데 속 시원히 말하지 않고 대들거나 고집을 부리거나 떼를 써서 부모를 속상하게 한다. 더 크면 반항하면서 아예 부모와 담을 쌓고 전혀 말을 하지 않는 아이도 있다. 중학생 남자아이를 둔 엄마들은 아이가 무슨 생각을 하는지 도무지 알 수 없고 밖에서 무슨 일이 있는지, 학교에서 어떻게 지내는지 전혀 모르겠다고 호소한다. 그래서 어떤 엄마들은 여학생 아이를 둔 엄마들과 적극적으로 교류하며 학교 정보를 얻기도 한다.

아이가 밖에서 일어난 일을 이야기하지 않으면 부모는 답답해서 아이를 채근한다. 그렇게 되면 아이는 더욱 자신의 마음을 닫아 버리게 되어 부모와 단절 상태에 놓인다. 비단 사춘기뿐만 아니라 요즘은 초등학교 저학년, 심지어는 유치원에 다니는 아이들도 엄마와 소통이 단절된 경우를 자주 목격한다. 엄마가 밖에 나가서 돌아오지 않기를 바라는 아이도 있고, 자기 방에 부모를 들어오지 못하게 하는 아이도 있다.

아이가 행복하게 자라고 미래에 사람들과 원만하게 사회적인 관계를 형성해가려면 우선 부모와의 소통이 원활해야 한다. 부모와의 교류에서 좋은 사회적 기술의 모델을 배워야 이후 선생님, 학교 친구, 선배, 후배, 이웃 등과 관계를 잘 만들어갈 수 있다.

몸짓언어에 담긴 마음을 이해한다

인간에게 말이 생겨나기 전에는 어떤 방법으로 의사소통을 했을까? 몸짓이나 행동, 짤막한 의성어 등으로 소통했을 것이다. 동물들에게 각자 고유한 몸짓언어가 있는 것처럼 인간에게도 다양한 몸짓언어들이 있다. 그 나라 말을 몰라도 외국 여행을 할 수 있는 것은 아마도 만국공통어인 몸짓언어가 있기 때문일 것이다.

아이는 막 태어나면 말을 하지 못한다. 생후 만 1년이 되어야 겨우 짤막한 단어를 구사할 수 있다. 그런데 아이는 태어나자마자 엄마와 적극적으로 의사소통을 한다. 그 도구는 바로 울음이다. 아이는 울음으로 자신의 상태를 표현하고 엄마는 아이의 울음을 듣고 젖이 필요한지, 기저귀를 갈아야 하는지, 잠을 재워야 하는지, 안아줘야 하는지를 알아챈다.

엄마가 아이의 울음에 민감하게 반응을 잘하면 아이는 마음이 편안해지고 엄마에게 충분히 사랑받고 있다고 느낀다. 아이는 웃음이나 다양한 얼굴표정, 몸짓으로 자신의 정서 상태를 전달한다. 엄마가 아이의 이러한 몸짓에 잘 반응해주면 아이와 엄마는 서로 정서교감이 원활해진다. 아이가 말을 배우게 되면 언어라는 수단으로 의사소통을 할 수 있게 된다.

그런데 몸짓언어는 말을 못하는 어린아이만의 소통 도구가 아니다. 만국공통어인 몸짓언어는 인간에게 가장 중요한 소통의 도구다. 심리학자 메라비언은 인간의 의사소통 방식을 연구하였는데 의사소통에서 말의 비중이 7퍼센트를 차지하고, 음성과 어조가 38퍼센트 그리고 몸짓언어가 55퍼센트를 차지한다고 하였다. 내 의사를 타인에게 전달할 때 말로 전달되는 것은 고작 7퍼센트에 지나지 않고 가장 큰 비중을 차지라는 것이 보디랭귀지라고 하는 몸짓언어이다.

가까운 사이에서 아무 말 하지 않아도 그 사람의 마음이 읽히는 것은 그 사람의 몸짓에서 정서 상태를 읽을 수 있기 때문이다.

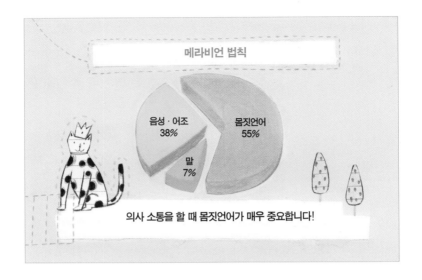

메라비언 법칙

음성 · 어조
38%

몸짓언어
55%

말
7%

의사 소통을 할 때 몸짓언어가 매우 중요합니다!

친밀한 사이일수록 몸짓언어는 어떤 말보다도 분명하고 명확하다.

소통을 잘하는 부모가 되려면 아이들이 행동으로 보내는 몸짓
언어를 잘 읽어낼 수 있어야 한다. 특히 아직 언어가 미숙한 아이
들은 자신의 모든 마음을 행동으로 표현한다. 엄마가 온몸으로 표
현하는 아이의 언어를 잘 읽어내고 감정을 공감해주면 아이는 부
모에게서 이해받고 있다고 느낄 것이다.

부모가 아이의 행동에 담긴 정서에 민감하게 반응해주면 아이
는 자신의 정서를 알아차리고, 정서를 조절하며, 정서를 활용할 수
있는 정서지능인 EQ(Emotional Quatient)능력이 발달해간다.
이 정서지능은 이후 사회성 지능인 SQ(Social Quatient)로 발전
하여 대인 능력이 좋은 사람이 된다.

예를 들어보자. 학교에서 돌아온 아이가 가방을 바닥에 내던
지고 아무 말 없이 방문을 닫고 들어가버리면 엄마는 화가 치밀어
오른다. 그래서 아이의 행동에 대해 비난과 비판, 꾸지람을 하게
된다.

"너 이게 무슨 짓이야."

"문 열고 나와. 지금 문 안 열면 엄마가 열쇠로 열고 들어간다."

"무슨 일 있었어? 빨리 말해."

"말하지 않으면 학교에 전화한다."

이런 말로 아이를 위협해서 불안하게 만든다. 이런 엄마의 말
을 들으면 아이는 자신의 힘든 마음을 엄마가 위로해주지 않으리
라고 판단한다. 그래서 더욱 마음을 닫아버린다. 아이가 마땅치 않
은 행동을 보이면 부모는 화나는 마음을 빨리 해소하고 싶은 다급
한 마음에 아이에게 이야기하라고 강요하게 된다. 하지만 아이는
엄마가 자신의 말을 잘 들어줄 것이라는 믿음이 없기 때문에 더욱
부정적인 행동으로 자신의 억눌린 마음을 호소한다.

아이의 부정적인 행동을 줄이고 자기 스스로 행동을 잘 조절
하도록 도와주려면 아이의 행동 속에 들어 있는 불편한 마음을 먼
저 읽어야 한다. 그 마음을 충분히 읽고 공감해야 그다음에 아이가
행동을 어떻게 바꾸어야 할지를 가르쳐줄 수 있게 된다.

"너 학교에서 힘든 일이 있었나봐."

"기분 언짢은 일이 있었나보다."

"지금 말하고 싶지 않으면 나중에 해. 엄마가 그때 들을게."

이처럼 아이의 상태를 공감해주고 기다려주는 말을 해야 아이는 엄마에게서 편안함과 위안을 받는다고 느낀다.

사람은 본능적으로 편해지려는 속성이 있다. 그래서 마음이 힘들 때 누군가에게 자신의 마음을 털어놓고 편안한 마음을 회복하고 싶어 한다. 아이들도 속상하고 화나는 일을 경험한다. 이때 아이를 더 혼란스럽고 불안하게 만들지 않고 거친 행동 속에 들어 있는 아이의 마음을 읽어주면 아이는 자연스럽게 부모에게 다가와 자신의 속마음을 털어놓을 수 있게 된다.

중학교 2학년인 성민이는 학년말 시험에서 성적이 곤두박질 쳤다. 성적표를 받는 날 성민이는 선생님이 주시는 성적표를 한 손으로 낚아채듯 받아서 선생님이 보는 앞에서 구겨 호주머니에 쑤셔넣었다. 성민이의 행동에 화가 난 선생님은 성민이 엄마에게 전화를 걸어 성적표를 아이에게 배부한 사실을 알리고 성민이의 행동을 이야기했다. 선생님께 성민이의 불손한 행동을 전해 들은 엄마는 창피하고 몹시 속상해서 퇴근하고 돌아온 성민이 아빠에게 이 일을 이야기했다. 성민이 아빠는 진노하여 성민이를 불러 호통을 쳤다.

아빠: 너, 이 성적이 뭐냐? 성적도 나쁜 놈이 아빠 얼굴에 먹칠을 해? 선생님께 불손하게 하라고 아빠가 가르쳤어? 너 그 행동 어디서

배웠어?

성민: 그게 아니고……

아빠: 성적 떨어진 녀석이 무슨 할 말이 있어? 너 이래 가지고 대학은 가겠냐? 너 같은 자식 필요 없어. 공부하기 싫으면 집 나가. 너 같은 녀석에게 공부 가르치고 싶지 않으니까.

성민: (자리를 박차고 나가버린다.)

아빠: 너 지금 반항하는 거냐? 이리 오지 못해?

학교에서는 물론 부모에게도 인정받지 못한 성민이는 방황하며 마음을 잡지 못했다. 성민이를 바라보는 부모는 안타까울 것이다. 부모라면 아이가 학업해야 하는 중요한 시기에 공부를 열심히 하고 학교생활을 성실하게 하기를 바란다. 그렇지 못한 자식을 보는 부모는 걱정스럽고 안타까운 마음이 들 수밖에 없다.

그런데 성적이 오르지 않고 공부에 능률이 오르지 않는 아이는 부모보다도 더 힘들고 답답할 것이다. 공부와 성적은 자신의 일이기 때문에 그 누구보다도 자기 자신이 가장 힘들다. 그런 아이의 마음을 충분히 공감하고 읽어주어야 공부에 방향을 잡고 다시 한 번 해보려는 의지를 다질 수 있다.

성적표를 구겨넣은 외적인 행동에 초점을 맞추어 아이를 문제아로 취급해 버린다면 아이는 좌절감을 이겨낼 힘을 상실하고 학업이 더욱 부진해지거나 일탈 행동으로 학교에 부적응할 여지도 있다. 공부에 대한 의지를 주려면 아이의 행동에 담긴 마음을 이해하며 소통해야 한다.

아빠: 성민아, 오늘 성적표 받았다며? 네 딴에는 열심히 했을 텐데 성적이 떨어지니 속상하지.

성민: 죄송해요.

아빠: 엄마 아빠한테 성적표 보이기가 미안했을 거야. 성적표 보면 아빠가 실망할까봐 걱정도 됐을 거고. 마음이 얼마나 답답했으면 성적표를 구겨버렸겠니.

성민: 더 열심히 해볼게요. 이번 방학에는 부족한 공부 좀 해야겠어요.

아빠: 네가 공부할 마음을 갖는 걸 보니까 기쁘구나.

성민: 그런데 어떻게 공부해야 할지 잘 모르겠어요.

아빠: 그래, 방법을 차근차근 찾아보자. 지금 안 된다고 다음에도 안 되는 건 아니야. 그러니까 실망할 필요 없어. 조금씩 하면 돼. 어떻게 공부해야 할지 엄마 아빠랑 방법을 찾아보자. 아빠가 도와줄게. 아빠도 공부가 안 돼서 고민했던 적이 많아.

성민: 아빠, 감사해요.

아빠: 아빠는 널 믿어. 아빠가 힘이 되어줄 테니까 절대 용기 잃지 마. 그리고 선생님 마음이 상하신 것 같은데 어떻게 할까?

성민: 제가 내일 선생님께 사과드릴게요. 선생님께 반항한 게 아니에요. 그냥 성적표 받는 제 자신이 너무 한심해서 다른 생각을 못

하고 그렇게 했나봐요.

아빠: 그래. 아빠도 네 맘 이해해. 선생님께 네 마음을 이야기하면 선
생님도 용서해주실 거야.

아이의 불손한 행동을 지적해서 야단치기보다는 자신에게 실
망해서 속상하고, 답답한 아이의 마음을 읽어주면 아이는 자신의
문제를 해결하는 능력을 발휘한다. 부모가 공감하고 믿어주며 지지
해주면 아이는 힘과 용기를 얻는다.

아이에게 좌절을 주는 말과 용기를 주는 말 중 어떤 말을 해야
하겠는가? 당연히 용기를 주는 말을 해야 한다. 밖에서 선생님이나
친구에게 인정받지 못한다 해도 끝까지 아이를 믿어주어야 할 사
람은 부모다. 부모가 자신의 아이를 포기하는 일은 있을 수 없다.

아이가 부모가 기대한 대로 성장하고 부모를 만족시킬 때는
특별한 노력을 하지 않아도 아이를 사랑하고 예뻐할 수 있다. 그러
나 그 반대 상황이 되면 부모는 사랑을 주기가 힘들다. 어떤 부모
는 사랑을 모두 거두어들이고 아이에게 어떤 긍정적인 말도 해주
지 않는다.

그러나 바로 이때야말로 진정으로 부모의 사랑을 발휘해야 할
때다. 자신의 바람을 채워주지 못할지라도 부모는 아이에게 무조
건적인 사랑과 신뢰를 보낼 수 있어야 한다. 그것이 정말 부모의
실력이요 내공의 힘이다.

아이의 거친 행동에 담긴 마음을 읽어주자. 아이는 하루에도 무수히 많은 몸짓언어로 부모에게 자신의 마음을 표현한다. 부모가 아이에게 관심과 애정을 갖고 있다면 아이의 행동이 의미하는 마음 상태를 민감하게 읽어낼 수 있다.

아이가 떼를 쓰거나 고집을 부리고, 엄마가 하라는 대로 잘 따르지 않고, 게으름을 부리거나 반항한다면 아이는 마음속에 그 이유를 가지고 있다. 몸짓언어에 담긴 의미를 잘 해석하는 부모는 아이와 정서교류를 원활하게 할 수 있고 친밀감을 쌓는다. 부모에게 자신의 마음을 잘 이해받은 아이는 정서지능이 우수해져서 타인에 대한 이해력이 높아진다. 이런 아이는 다양한 사회적 관계에서 친밀한 인간관계를 형성해가고 사람들 속에서 행복하게 살아나갈 것이다.

아이의 모든 행동에는 이유가 있다

초등학교 3학년인 성진이는 아침에 엄마가 깨워도 일어나지 않고 이불 속에서 뒹굴었다. 화가 난 엄마가 학교에 안 갈 거냐고 다그쳤더니 학교에 안 가겠다며 이불 속으로 더 파고들었다. 참다 못한 엄마는 아이를 강제로 일어나게 해서 아침밥도 먹이지 않고 학교에 보냈다. 억지로 집을 나서는 아이를 보니 밉기도 했지만 안타까운 마음이 들기도 했다. 그런데 이런 일이 반복될 때마다 엄마는 난감하기만 하고 어떻게 대처해야 할지 몰랐다. 학교를 억지로라도 보내야 하는 건지, 하루쯤 빠지게 해야 할지 고민했다.

아이가 학교에 안 가겠다고 하거나, 부모의 요구를 거절할 때, 거짓말을 하고 시치미를 떼거나 딴소리를 할 때 부모들은 화가 치밀어 적절히 대처하지 못한다. 이런 일이 반복되다보면 부모와 아이 사이는 상처를 받고 점점 멀어진다. 부모의 기대대로 아이들이 따라주지 않을 때 어떻게 대처해야 아이의 마음을 바꿀 수 있을까?

아이 행동은 마음이 시킨다, 마음을 읽어주자

학교에 가지 않으려는 아이의 마음속에는 분명 이유가 있다. 사람의 모든 행동에는 이유가 있게 마련이다. 그 이유는 바로 마음이다. 마음속에 생겨난 어떤 욕구, 감정 때문에 행동하게 되는 것이다. 부모가 원치 않는 어떤 행동을 아이가 할 때 무조건 그 행동을 제지하거나 통제하려고 하지 말고 그 마음속의 이유를 먼저 들어주어야 한다.

위의 예에서도 엄마가 성진이에게 왜 학교에 가기 싫은지 물어보았더니 아이는 "몰라, 그냥 가기 싫어"라고 대답했다고 한다. 엄마는 성진이가 왜 그런지를 모르니 더욱 답답하고 화가 날 수밖에 없었다. 아이가 '몰라, 그냥'이라고 얼버무리며 이유를 말하지 않는다 해도 부모는 그 아이 행동의 이유가 되는 감정이나 욕구를 읽을 수 있어야 한다. '모르겠다'라고 말하는 아이에게도 분명히 감정과 욕구는 있기 때문이다. 다만 그것을 적절하게 표현할 줄 모르거나 자기 감정을 정확하게 알지 못할 뿐이다. 그런 마음을 세심하게 끄집어낼 수 있도록 부모가 도와준다면 아이는 자신의 마음을 깊이 들여다볼 수 있는 감성 능력이 높아질 것이다.

부모가 아이의 감정을 잘 읽어낼 수 있으려면 평상시에 아이에게 관심을 가져야 하고, 아이의 사소한 행동이나 말투에서도 아이의 감정 상태를 잘 알아차릴 수 있어야 한다. 아이에게 냉담하거나 부모의 욕구가 앞선다면 아이의 상태를 주의 깊게 관찰하지 못한다. 아이가 학교에 가기 싫다고 말한다면 아마 전날 선생님께 혼이 났거나, 친구와 다퉜거나, 숙제를 못했거나, 몸 컨디션이 안 좋거나 하는 등의 이유가 있을 것이다. 그 이유를 짐작해서 엄마가 말로 표현해주면 아이는 부모에게 이해받는 느낌이 들고 자신의 문제를 해결하는 방법을 찾아낼 수 있게 된다.

"열 길 물속은 알아도 한 길 사람 속은 모른다"는 말이 있다. 아무리 훌륭한 부모라 해도 아이의 마음속을 귀신처럼 척척 알아내기는 어려울 것이다. 그러나 아이에 대해 늘 관심을 갖고 있는 엄마라면 현재 아이의 상태를 짐작하는 일은 어렵지 않다. 엄마가 짐작한 아이의 상태를 말로 표현해주면 아이는 엄마가 자신을 도와주려는 것을 감지한다. 그래서 좀 더 적극적으로 자신의 마음 상태를 엄마에게 말할 수 있다. 앞의 경우 이렇게 대화를 나눈다면 성진이는 마음이 편안해져서 자기 문제를 좀 더 잘 해결할 수 있을 것이다.

성진: 나 오늘 학교 안 갈래.

엄마: 너, 어제 선생님께 혼나서 선생님이 보고 싶지 않나보다.

성진: 아니야.

엄마: 그럼, 혹시 숙제를 못해서 또 혼날까봐 두려운 거니?

성진: 아니야.

엄마: 그래? 그럼 네 마음속에 이유가 있을 거 같은데 엄마한테 얘기
　　　해줄래?

성진: 내 짝 때문이야.

엄마: 혹시 짝하고 싸웠어?

성진: 아니, 그건 아니고. 걔가 날 싫어할까봐……

엄마: 아! 짝이랑 친해지고 싶은데 어제 선생님께 네가 혼나는 것을 봐
　　　서 너를 싫어할까봐 걱정되는 거구나.

성진: 응.

엄마: 그런데 오늘 네가 학교에 안 가면 짝이 궁금해할 것 같은데……

성진: 맞다. 오늘 짝한테 책 빌려주기로 했는데.

엄마: 그래? 네가 학교에 안 가면 짝이 실망할지도 모르겠다.

성진: 그 책 어디 있지? 나 빨리 학교에 가야겠다. 오늘은 빨리 갈 거야.

이렇게 엄마가 아이의 마음을 읽어주니 아이가 학교에 가기
싫었던 이유를 알게 되고 자기 문제를 잘 해결하는 것을 볼 수 있
다. 아이가 무엇을 하지 않으려고 하거나 짜증을 부릴 때 무조건

아이를 혼내고 다그치기보다는 아이의 마음을 읽어서 아이 스스로 마음을 다스리고 행동을 바꿀 수 있도록 도와주자.

누구나 거짓말을 한다

사람들은 언제부터 거짓말을 하게 될까? 실험을 통해 알아본 바로는 4세가 되면 벌써 거짓말을 한다. 이때는 주로 자기중심적으로 자신의 실수를 감추기 위해 발뺌하는 식으로 둘러댄다. 6세 정도가 되면 백색 거짓말도 할 수 있게 된다. 이 시기 아이들은 자기방어를 위한 거짓말뿐 아니라 상대를 배려하기 위해 상대가 듣기 좋은 말을 하거나 상대를 칭찬하는 등의 거짓말도 할 수 있다.

유치원 선생님이 얼굴에 우스꽝스러운 분장을 하고 아이들에게 "선생님 예쁘니?"라고 묻자 아이들은 "예뻐요"라고 대답했다. 아이들에게 나중에 선생님이 정말로 예뻤느냐고 물어보니 아이들은 아니라고 했다. 그런데 왜 선생님이 예쁘다고 했는지 물으니 선생님이 '창피해할까봐, 속상해할까봐, 싫어할까봐' 등의 이유를 댔다. 6세만 되어도 아이들은 상대의 감정을 읽고 상대의 기분에 맞추기 위해 적당히 자신의 감정을 포장할 수 있는 능력이 생겨난다.

아이들을 비롯해서 사람은 누구나 자의든 타의든 거짓말을 하게 된다. 악의적인 거짓말이 아니라 해도 자신이 처한 상황을 모면하기 위해서 또는 상대를 배려해서 종종 거짓말을 하게 된다. 아이들도 마찬가지다. 작심하고 엄마를 속이려 하거나 엄마에게 해를 끼치기 위해 거짓말하는 아이는 드물다. 단지 어떻게 대처해야 할지 난감해서 적당히 둘러대거나 자기 마음을 솔직히 얘기하기가 힘들어서, 다른 방법이 생각나지 않아서, 엄마의 요구에 응하기 싫어서 거짓말을 하는 것이다.

작정하고 부모 말을 안 들으려고 하는 아이는 없다. 단지 자신의 욕구와 부모의 욕구가 달라서 갈등하는 것이다. 사람은 나이를 먹어도 부모에게서 인정과 사랑을 얻고 싶어 한다. 어쩌면 아이들이 거짓말을 하는 이유도 부모의 사랑과 인정을 잃을지 모른다는 두려움 때문일 수도 있다.

아이들이 거짓말을 했을 때 지나친 죄책감을 주고 도덕성만을 강조한다면 아이는 자신의 품성에 대해 의심을 품을 수 있다. 거짓말을 하지 않는 아이는 없다. 아이가 거짓말을 할 때 그 마음을 잘 들여다본 뒤 아이의 마음을 편안하게 해주고 거짓말한 이유를 제거해준다면 굳이 부모에게 눈속임으로 자신을 방어하려고 하지 않을 것이다.

6학년 여자아이 민주가 수학여행을 다녀오면서 휴대전화에 귀신 소리를 다운받아와서 자기 엄마에게 들려주었다. 엄마는 그 소리가 어찌나 무섭고 소름 끼치던지 당장 지우라고 했다. 아이는 친구한테 어렵게 사정해서 받은 거라 아까워서 안 된다고 했지만 엄마는 강력하게 지우라고 했다. 아이는 알았다고 시큰둥하게 대답했다. 며칠이 지나 엄마가 물어보니 아이는 귀신 소리를 지웠다고 대답했다. 그런데 아이 휴대전화를 직접 확인해보니 벨소리가 여전히 저장되어 있었다.

엄마는 순간 너무 화가 났다. 엄마에게 거짓말한 것에 분개하여 귀신 소리뿐만 아니라 다운받아놓은 벨소리를 모두 삭제해버렸다. 엄마의 행동에 화가 난 아이가 엄마에게 대들었다.

"엄마가 뭔데 내 벨소리를 다 지웠어? 다 물어내놔."

울부짖는 아이를 달랠 수도 없어서 엄마는 난감할 수밖에 없었다.

부모가 '옳다, 틀리다'의 기준만으로 아이를 기르려고 하면 아이의 진정한 욕구를 읽어주기가 어렵다. 나는 위의 엄마에게 물어보았다.

"귀신 소리를 다운받으면 왜 안 되나요?"

"그런 건 나쁜 거잖아요."

그 엄마는 귀신 소리는 나쁜 것이라는 편견을 갖고 있었다. 귀신 소리는 나쁜 것이 아니다. 다만 그런 소리가 싫을 뿐이다. 내가 싫은 것을 '나쁘다'라고 규정해버리고 모든 현상을 이분법적인 기준으로 바라보면 편견에 휩싸여 다른 가능성이나 융통성을 발휘하기가 어렵다. 부모가 흑백논리만으로 아이를 기르려는 것은 위험하다. 아이에게 지나친 편견과 선입견을 심어주어 다양화되어 가는 사회에서 유연한 사고를 하기 어렵게 만든다.

위의 엄마는 아이에게 "이렇게 해야 해"라는 당위를 강조하며 아이를 길러왔다. 아이들이 어릴 때는 부모의 말이 정답이라고 여기고 받아들일 수 있지만 성장하면서 자신의 판단력이 생기면 부모의 비합리적인 생각에 제동을 걸고 비판하게 된다. 합리적인 사고를 하는 아이로 키우고 싶다면 부모의 고정된 선입관을 버려야 한다. 그렇지 않다면 아이는 엄마의 행동에 "엄마가 뭔데" 하며 맞서게 된다. 아이는 엄마의 행동이 불합리하다고 느끼게 된다.

나는 그 엄마에게 딸이 왜 귀신 소리를 다운받았는지 물어보았느냐고 여쭈어봤다. 그 엄마는 물어보지 않았다고 했다. 아이의 행동에 대해 부모가 왜 그랬는지 물어보지 않고 미리 옳고 그름을 판단해버리면 아이는 부모에게 전혀 이해받지 못한다고 느끼고, 부모는 아이에게 부담스러운 존재가 되어버린다. 아마도 아이는 귀신 소리가 신기하거나 재미있거나 호기심이 생겼을 것이다. 아이와 이렇게 대화한다면 아이는 분별력을 키워갈 수 있을 것이다.

엄마: 귀신 소리를 다운받았구나.

민주: 응, 엄마. 되게 신기하지.

엄마: 엄마는 좀 소름이 끼친다. 그런데 왜 그 소리를 다운받았니?

민주: 이거 어렵게 얻은 거야. 내가 아침에 일어나는 것을 힘들어하잖

아. 수학여행 갔을 때 아침에 기상 벨로 어떤 친구가 이 벨소리를 들려줬는데 소리를 듣자마자 벌떡 일어나게 되더라니까.

엄마: 귀신 소리에 잠이 확 깼나보네.

민주: 응. 내가 아침에 일어나기 힘들어서 엄마도 나 깨우느라고 고생하잖아. 그런데 아침에 이 벨소리로 알람을 해놓으면 저절로 일어날 것 같아서.

엄마: 와, 네가 아침에 스스로 일어나려고 아이디어를 냈구나. 우리 딸 기특하다. 엄마도 편하게 해주니 고맙고.

민주: 그치, 짱이지.

엄마: 근데 엄마는 이 소리가 싫거든. 그러니까 엄마한테는 안 들리게 해주면 좋겠어. 너무 소름 끼치고 무서워. 그리고 동생한테도 조심하면 좋겠어. 동생한테 이 소리로 장난치면 너무 놀랄 거야.

민주: 알았어. 아침 기상용으로만 사용할게.

이렇게 대화를 나눈다면 아이는 남에게 불편을 주지 않으면서도 자신의 욕구를 잘 해결할 수 있는 방법을 찾게 된다. 그리고 무엇보다도 엄마의 마음을 잘 이해하게 되고, 엄마도 아이의 마음을 충분히 이해하게 되어 아이의 행동을 문제행동으로 규정짓는 잘못을 피할 수 있다. 어떤 행동이든 아이들의 행동에는 정당한 이유가 있다. 그 이유를 충분히 들어주고 자신의 행동을 조절하도록 도와주어야 한다.

초등학교 5학년인 진우는 수학 학원에 다니고 있다. 학원 숙제를 했는지 물어보니 모두 했다고 대답했다. 그런데 교재를 살펴보니 문제를 푼 흔적은 없고 정답을 보고 베껴놓았다.

엄마는 너무 화가 나서 "이렇게 거짓말할 거면 학원에 다니지 마"라고 말하며 아이를 혼냈다. 아이는 아무 말 없이 방으로 들어가버렸다. 엄마는 거짓말하는 아이에게 배신감을 느꼈다고 했다.

엄마는 아이가 학원에 열심히 다니고 숙제도 빠짐없이 다 하기를 바랄 것이다. 그러나 그것은 엄마의 욕심이지 아이가 바라는 것은 아니다. 학원을 엄마가 선택해서 아이에게 밀어붙이는 방식으로 공부를 시킨다면 아이는 공부에 대한 동기를 잃어버리기 쉽다. 아이가 선택한 학원이 아니기 때문에 공부의 필요성을 느낄 수도 없다. 아이는 수학 과제가 혼자 하기에 양이 너무 많고 어렵다고 느꼈을지 모른다. 그렇다면 아이 수준에 맞는 공부 방법을 찾도록 도와주어야 공부에 대한 흥미를 잃지 않을 것이다. 아이의 마음을 이해하지는 못하고 드러나는 행동에만 초점을 맞추어 비난한다면 아이는 더욱 의욕을 잃게 된다. 아이와 다음과 같이 대화를 나누면 어떤 부분에서 어려움을 느끼는지를 찾게 되어 공부하는 방향을 다시 잡을 수 있을 것이다.

엄마: 진우야, 엄마가 네 수학 문제집을 보니까 문제를 푼 풀이과정이
　　　없더구나.

진우: 저녁에 하려고 했는데 못해서 답을 보고 베꼈어요.

엄마: 그랬구나. 숙제를 못한 이유가 있었니?

진우: 숙제를 혼자 하기가 너무 어려워요. 숙제 양도 너무 많고요.

엄마: 그래? 지금 하고 있는 공부가 너한테 너무 어렵니?

진우: 네, 학원에서 배우는 게 너무 어려워요. 매일 해야 하는 숙제도
　　　힘들고……

엄마: 수학이 싫은 건 아니고?

진우: 네, 수학은 재미있는데 좀 더 쉽게 하면 좋을 것 같아요.

엄마: 그럼 학원을 바꿔볼까?

진우: 지금은 좀 쉬고 싶어요. 한 달 정도 쉬면서 혼자 공부해보고 싶
　　　어요. 혼자 하기 힘들면 그때 학원에 갈래요.

엄마: 그래? 그럼 한 달간 그렇게 해보고 엄마랑 다시 이야기 해보면
　　　어떨까?

진우: 좋아요. 그렇게 할래요.

이렇게 거짓말한 것에 초점을 두지 않고 진우의 의견을 들어서 공부의 어려움이 무엇인지를 충분히 알고 나면 다른 공부 방법을 스스로 찾을 수 있게 된다.

아이가 반복적으로 하는 말에는 듣고 싶은 말이 있다

중학교 1학년인 하민이가 어느 날 엄마에게 연락도 하지 않고 집에 들어오지 않았다. 밤늦게까지 딸아이가 들어오지 않으니 엄마는 걱정이 되고 애가 탔다. 아이의 휴대전화도 꺼져 있어 연락할 길이 막막했다. 아이는 외박을 했고 다음 날 학교가 끝난 후 오후 늦게야 집에 돌아왔다. 부모의 허락도 없이 외박한 딸이 밉기도 했지만 무사히 돌아온 딸을 보니 안심이 되기도 했다. 엄마가 화를 내면 아이의 반발심만 더 부추길 것 같아서 마음을 가라앉히고 딸과 대화를 나누었다.

엄마: 엄마는 네가 어제 집에 들어오지 않아서 무척 걱정됐어. 무슨 일이 생긴 게 아닌가 싶어서 잠도 오지 않더라. 잠은 어디서 잤니?

하민: 엄마한테 얘기하지 않은 거 죄송해요. 근데 엄마한테 말해봤자 허락하지 않을 게 뻔하잖아요.

엄마: 그렇게 생각했어?

하민: 친구가 어제 찜질방에 가자고 해서 같이 가서 친구랑 거기서 잤어요. 내가 친구랑 찜질방에 가서 자고 온다고 하면 엄마는 허락하지 않을 거잖아요.

엄마: 찜질방에 무척 가고 싶었나 보다. 휴대전화도 꺼져 있던데.

하민: 배터리 여분이 없어서 그렇게 된 거예요. 연락하기도 귀찮았고.

엄마: 엄마는 네가 그렇게 찜질방에 가고 싶어 하는 줄 몰랐어. 가서 친구랑 자보니까 어땠니?

하민: 별로였어요. 답답해서 잠도 잘 안 오고. 불편하더라고요. 집이 최고야.

엄마: 그래. 네가 무사히 집에 돌아와서 다행이다. 다음에는 가고 싶은 곳이 있을 때 미리 얘기해줘. 엄마랑 상의해서 결정했으면 좋겠다.

하민: 알았어요. 근데 엄마도 내 얘기를 들어주고 무조건 안 된다고 하지 않았으면 좋겠어요.

엄마: 알았어. 이제는 네 말을 잘 들을게. 그리고 네가 이렇게 말해주니 고맙다.

위의 경우에 엄마가 만일 아이가 집에 들어오지 않은 사실만으로 아이를 혼내고 윽박질렀다면 아이는 반발심이 커져서 이후에는 더욱 돌출 행동을 하기 쉽다.

이 엄마는 중학생이 되어 사춘기에 접어든 딸이 엄마의 말을 듣지 않고 자기 하고 싶은 대로 하려 해서 아이와 충돌이 잦았다. 그래서 방법을 찾고자 부모교육 프로그램에 참여한 경우다. 이제까지 엄마는 자신의 생각대로 아이를 끌어왔고 엄마의 결정에 따르도록 해왔다. 그 방법이 아이와 자신을 힘들게 한다는 것을 느끼게 된 것이다.

아이가 13세쯤 되면 부모보다 힘이 더 강해진다. 그래서 부모의 일방적인 결정에 반발하게 되고 자신의 주장이 강해진다. 이것은 자연스러운 성장 과정이므로 아이의 성숙을 인정하고 의견을 적극적으로 수용해야 한다. 이 엄마는 이전의 방식을 바꾸어 아이와 소통하고자 많은 노력을 기울이고 있다. 그래서 아이가 허락도 없이 외박했지만 화를 내기에 앞서 아이의 말을 먼저 들어보고자 노력했다. 그랬더니 아이는 자신의 생각을 솔직하게 이야기했고, 그러다 보니 엄마와 마음을 터놓을 수 있었다. 그런데 아이는 아직도 엄마가 자기 이야기를 들어주지 않을 것이라고 미리 판단하고 있었다. 아이가 엄마를 전적으로 신뢰하고 어떤 이야기라도 엄마와 상의하고 의논할 수 있도록 마음을 열게 하려면 엄마가 좀 더 노력해서 아이에게 신뢰를 주는 것밖에 방법이 없다.

위의 엄마 이야기를 들어보니 아이는 수시로 "친구 누가 누구랑 찜질방에 가서 놀았다, 생일 파티를 했다, 함께 잠도 잤다"는 말을 많이 했다고 한다. 아이가 반복적으로 하는 말에는 엄마에게서 듣고 싶은 말이 있다. 아이는 아마 "너도 친구랑 찜질방에 가고 싶구나"라는 말을 듣고 싶었을 것이다. 엄마는 아이의 말을 건성으로 흘려들었고 아이는 엄마가 자신의 마음을 잘 몰라주자 엄마의 허락을 구하지 않고 자기가 원하는 대로 일을 저지르고 말았다.

아이가 자신의 생각을 직접 표현하지 못하고 친구 얘기를 빗

대서 하거나 간접적인 방식으로 얘기할 때, 예를 들어 "엄마, 친구 세진이는 학원 그만뒀대"라는 말을 하면 그 말에는 "나도 학원 그만 다니고 싶어요"라는 뜻이 담겨 있음을 알아차려야 한다. "친구는 엄마 아빠랑 여행 다녀왔대"는 "나도 가족여행 가고 싶어요", "친구는 게임기 샀어요"는 "나도 게임기 사고 싶어요"라는 의미가 숨어 있다.

부모가 아이의 말을 잘 들어주지 않으면 아이는 이런 말들을 반복적으로 한다. 반복적으로 얘기해도 부모가 들어주지 않으면 부모에게 이해받는 것을 포기하고 아이 혼자 결정해서 일을 저지르거나 아예 포기하고 체념해버린다. 아이의 말에 숨어 있는 의미를 잘 알아차려서 아이 마음을 세심하게 읽어주는 부모가 되자. 그렇게 되면 아이들은 부모에게서 충분히 사랑받고 이해받는다고 느낀다.

아이의 행동을 나무라기 전에 그 행동의 동기를 이해하고 아이 마음을 이해하고 나면 엄마가 걱정스럽게 생각하는 점도 쉽게 전달할 수 있다. 아이와 소통을 잘하려면 눈에 보이는 행동 속에 숨어 있는 동기를 우선 이해해야 한다.

다음 그림은 빙산이다. 빙산은 보이는 부분보다는 보이지 않는 부분이 훨씬 더 크다는 뜻이다. 그래서 '빙산의 일각'이라는 말을 한다. 빙산 그림의 보이는 부분이 행동이라면 보이지 않는 부분은 행동을 하도록 만드는 욕구, 느낌, 생각이다.

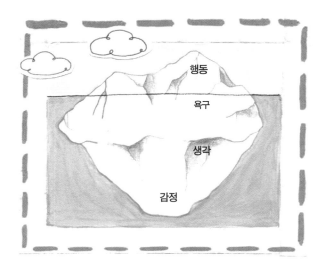

아이의 행동에만 초점을 맞추어서 행동만을 지적하거나 행동을 바꾸도록 지시한다면 아이의 행동은 바뀌지 않는다. 왜냐하면 행동의 원인은 보이지 않는 마음속에 있기 때문이다. 아이의 행동을 보이는 현상으로만 파악하지 말고 동기를 잘 이해하면 아이와 소통하는 물꼬를 틀 수 있다.

동기를 이해하면 수용하기가 쉽다

사람의 모든 말과 행동은 마음 때문에 생겨난다. 마음속에 어떤 느낌, 욕구가 생겨나면 말과 행동으로 표현하게 된다. 아이들의 행동도 마찬가지다. 모든 행동에는 아이들의 마음이 들어 있다. 그런데 밥을 먹을 때 장난을 치거나, 공부할 때 딴생각을 하는 행동이 부모로서 도저히 받아들이기 힘들고 밉게 느껴진다.

아이가 어떤 행동을 할 때 행동의 동기를 잘 이해하면 아이를 수용하기가 쉽다. 수용한다는 것은 아이의 모든 욕구, 감정을 비판 없이 그대로 받아들이는 것을 말한다. 예를 들면 아이가 배가 아픈데도 아이스크림을 먹고 싶다고 할 때를 가정해보자.

> 해림: 엄마, 나 아이스크림 먹고 싶어.
>
> 엄마: 안 돼. 지금 배 아프니까 낫고 나면 먹어.
>
> 해림: 싫어! 지금 먹을 거야.
>
> 엄마: 안 된다니까! 너 엄마 말 안 들을 거야? 또 배 아파서 병원 가고 싶어?

이렇게 엄마가 엄포를 놓으면 어떤 아이는 아이스크림을 먹고 싶은 욕구를 누르고 엄마 말을 따르기도 하고, 어떤 아이는 떼를 쓰고 고집을 부려서 엄마한테 혼이 나기도 한다. 아이의 건강을 염려하는 엄마는 아이가 부모의 지시에 따르기를 바란다. 그러나 엄마의 위협적인 말을 아이가 따른다 해도 아이의 마음속에 있는 아이스크림을 먹고 싶다는 욕구는 없어지지 않는다.

욕구가 적절히 해소되지 않으면 아이는 마음이 불편하다. 욕구불만 상태가 오래 지속되면 아이는 행동을 조절하기가 더 어려워진다. 그러므로 부모는 아이가 어떤 요구를 할 때 마음(감정, 욕구)을 무조건적으로 받아들여야 한다. 아이의 마음을 충분히 받아주면 아이는 마음이 편해진다. 그런 후에 행동에 대해 적절히 통제하면 아이는 자기 조절력을 배워나갈 수 있다.

해림: 엄마, 나 아이스크림 먹고 싶어.

엄마: 지금 시원하고 달콤한 아이스크림이 먹고 싶다고?

해림: 응. 지금 먹을래.

엄마: 그래, 네가 좋아하는 아이스크림 먹으면 기분이 좋겠네.

해림: 응.

엄마: 지금 아이스크림을 먹으면 배가 더 아플지도 몰라.

해림: 그래도 먹고 싶어.

엄마: 지금 당장 먹고 싶겠지. 그런데 지금 아이스크림 먹고 배가 더 아파지면 병원에 또 가야 해.

해림: 나 병원 가기 싫어.

엄마: 그래, 지금은 아이스크림 먹으면 안 되지만 배가 다 나으면 먹을 수 있어. 곧 나을 거야. 다 낫고 나면 엄마랑 맛있는 아이스크림 사먹을까?

해림: 응. 꼭 아이스크림 사줘.

엄마: 그래, 그렇게 하자.

아이스크림을 먹고 싶다는 해림이의 욕구를 엄마가 충분히 수용하고 이해했다. 아이스크림을 무조건 못 먹게 하는 것이 아니라 '지금'은 배가 아파서 안 되지만 '배가 다 낫고 나면' 먹을 수 있다는 적절한 기준을 제시해서 아이 스스로 행동을 통제하도록 도와주었다. 아이는 배가 나으면 먹을 수 있다는 기대를 하므로 지금 당장 먹고 싶은 마음을 조절할 수 있게 되었다.

밥먹을 때 아이가 장난을 친다면, "지금 밥이 먹고 싶지 않구나." "지금 배가 고프지 않나보다." "재미있게 놀고 싶구나." 등의 말로 아이의 마음을 받아주고 아이가 밥먹고 싶지 않거나, 배가 고프지 않다면 밥을 조금만 먹게 하거나 나중에 먹게 한다. 놀고 싶어 한다면 먹고 나서 엄마랑 재미있게 놀 수 있다는 말을 해준다.

공부할 때 아이가 딴생각을 하면, "지금 공부하고 싶지 않구나." "공부에 집중이 안 되나보다." "공부가 너무 어렵구나." 등의 말로 아이 마음을 이해해준다. 아이가 지금 공부하고 싶지 않거나 집중하기 힘들다면 잠깐 휴식을 취해서 기분전환을 한 다음 다시 공부하도록 한다. 아이가 공부를 너무 어려워한다면 아이의 공부 양이 너무 많거나 수준이 높은지를 살펴서 아이 능력에 맞게 조정해주어야 한다.

욕구는
살아 있음의 증거다

사람은 배가 고프면 먹을 것을 찾고, 피곤하면 쉬거나 잠자고 싶어 한다. 무료하면 재미와 즐거움을 찾고, 외로우면 친한 사람을 찾는다. 사람은 아침에 눈떠서 밤에 잠잘 때까지 매 순간 욕구가 올라온다. 아이들도 똑같다. 아이들의 모든 말과 행동은 욕구의 표현이며 살아 있다는 신호이기도 하다. 죽어 있는 무생물은 어떤 욕구도 느끼지 않는다. 인간은 살아 있는 생명체이기 때문에 매 순간 필요한 것이 있게 마련이고 그 필요한 것이 바로 욕구다. 사람이 행동하는 이유는 필요한 것을 충족하고자 하는 욕구 때문이다.

생존과 안전	공기, 음식, 물, 주거, 휴식, 수면, 안전, 자기보호 신체적 접촉(스킨십), 성적 표현, 따뜻함, 편안함, 보호받음, 예측가능성, 건강
관계/상호 의존	주는 것, 봉사, 친밀함, 소통, 연결, 배려, 존중, 공감, 수용, 지원, 지지, 협력, 감사, 인정, 승인 사랑, 관심, 호감, 우정, 나눔, 소속감, 결속, 위안, 신뢰, 정직, 진실, 정서적 안전함, 자기보호, 일관성, 안정성, 예측가능성, 공평함
놀이/재미	쾌락, 흥분, 자극 추구 즐거움, 재미, 유머
자율성	선택, 자유, 해방, 독립, 자기만의 공간과 시간, 자발성, 자기조절, 자기통제
힘	통제가능성, 통제력(권한), 힘, 용기, 주도성
의미	기여, 능력, 도전, 성취, 목표, 가르침, 학습, 성장, 지식, 정보, 표현, 주관을 가짐, 의미 있는 것을 갖고 싶음, 창의성, 치유, 회복, 유능감, 효능감, 희망
통합/조화/ 아름다움	진정성, 성실성, 숙고(충분히 살핌), 성찰 아름다움, 조화, 질서 존재감, 일치, 합리성(납득가능)
평화	홀가분함, 여유, 느긋함, 평등, 수용
자기초월	지혜, 깨달음, 자비, 박애
영성	영감을 느낌, 영적 교감

욕구가 잘 충족되면 우리는 긍정적인 감정을 느낀다. 반대로 욕구가 충족되지 않으면 부정적인 감정을 느낀다. 예를 들어보자. 아이가 엄마에게 놀아달라고 할 때 엄마가 아이의 눈높이에 잘 맞

추어서 즐겁게 놀아주면 아이는 '즐겁다', '신난다', '행복하다', '엄마가 좋다', '엄마를 사랑한다'는 긍정적인 감정을 경험한다. 그런데 엄마가 아이와 놀아주지 않거나 건성으로 놀면 아이는 '재미없다', '지루하다', '따분하다', '엄마가 싫다', '밉다', '엄마가 날 사랑하지 않는다'는 부정적인 감정을 경험한다. 아이가 느끼는 감정에 따라 이후의 행동은 달라질 것이다.

욕구	욕구가 충족되면 (긍정적 감정)	욕구가 충족되지 않으면 (부정적 감정)
즐거움, 친밀함 (엄마와 놀고 싶다)	즐겁다 신난다 행복하다 엄마가 좋다 엄마를 사랑한다	재미없다 지루하다 따분하다 엄마가 싫다 밉다 엄마가 날 사랑하지 않는다

아이가 긍정적인 감정을 많이 경험하면 행동도 긍정적으로 바뀐다. 부정적인 감정이 많으면 부정적인 행동으로 드러난다. 따라서 긍정적인 행동을 강화해주려면 아이가 느끼는 욕구를 잘 수용해주고 적절하게 욕구를 채울 수 있도록 도와주어야 한다.

중학교 2학년 여학생 재연이는 요즘 부모님과 갈등이 심하다. 저녁 늦게까지 집에 오지 않아서 부모는 걱정이 태산이다. 걱정스러운 마음에 전화하면 "친구 만나고 늦게 들어갈 거야"라는 짧은 말만 하고 전화를 끊어버리거나 아예 안 받는 때도 많다. 밤 12시 넘어서 들어오기도 하고 학교에 무단결석하는 일도 많다.

최근에는 독서실에서 공부한다고 부모님께 거짓말하고는 햄버거 가게에서 심야에 아르바이트를 하기도 했다. 부모님의 제지로 아르바이트를 못하게 되었지만 인터넷 쇼핑에 빠져 있다. 돈이 모자라면 친구에게까지 빌리는데, 그 액수가 꽤 커졌다. 공부에는 관심이 없는지 성적은 자꾸 떨어지기만 한다. 엄마가 달래보기도 하고, 아빠가 무섭게 불호령을 내리기도 했지만 집 바깥에서의 생활을 통제할 수 없다. 재연이는 왜 이렇게 되었을까?

재연이 부모님은 재연이를 바르게 키우고 싶었다. 그래서 어렸을 때부터 엄하게 다스렸다. 초등학교 3학년 때 아이가 학교에 가지 않은 일이 있었다. 아침에 학교에 갔다가 집에 돌아오는 시간에 맞춰 왔기에 아이가 학교에 가지 않은 사실을 모르고 있던 엄마는 담임선생님의 전화로 학교에 가지 않은 것을 알고 호되게 아이를 야단쳤다. 그 후에도 그런 일이 몇 번 더 있었는데 그때마다 부모의 엄격한 태도는 바뀌지 않았다.

부모는 아이에게 "학교에 결석하면 안 된다"는 학생으로서의 의무를 가르쳐주고 싶었을 것이다. 그런데 아이를 '가르쳐야 한다'는 목적이 앞서다 보니 학교에 가고 싶지 않을 때 어떻게 자신의 감정을 조절해야 하는지를 가르쳐주지 못했고, 어떻게 하면 아이가 학교를 좋아하게 할까를 고민하지 않았다. 아이가 부모보다 힘이 약한 시기에는 자신의 욕구를 누르고 부모의 지시를 따랐지만 이제 사춘기가 되어 자신의 힘이 강해지고 나니 자신이 원하는 대로 행동하는 것이다.

아이가 학교가기를 좋아한다면 아마도 아이의 욕구는 잘 충족되고 있을 것이다. 학교에 가면 같이 놀 수 있는 친구가 있고, 선생님도 친절하고, 공부가 재미있고, 학교에서 하는 활동에도 흥미가 있을 것이다. 학교가기를 싫어하는 아이는 자신의 욕구가 충족되지 않기 때문일 것이다. 친구도 없고, 선생님도 불친절하고, 공부나 기타 활동이 흥미가 없다면 당연히 학교가기가 싫어질 것이다.

욕구	욕구가 충족되면 (긍정적 감정)	욕구가 충족되지 않으면 (부정적 감정)
즐거움, 친밀함, 배움 (학교에 가고 싶다)	친구가 있어서 신난다 선생님이 좋다 공부가 재미있다 학교 활동이 즐겁다	친구가 없어서 외롭다 선생님이 싫다 공부가 어렵다 학교 활동이 재미없다

많은 부모가 아침에 아이가 학교에 가기 싫다고 하면 아이를 혼내는데, 반복적으로 이런 말을 한다면 강요하지만 말고 아이의 어떤 욕구가 충족되지 않는지를 살펴서 학교에 잘 적응하도록 도움을 주어야 한다.

재연이의 경우 학교에 가지 않았을 때 왜 그랬는지를 물어보고 도움을 주었다면 그런 행동이 반복되지 않았을 것이다. 재연이 엄마는 뒤늦게 재연이가 선생님을 무섭다고 한 기억을 떠올렸다. 급식 시간에 음식을 남겨서 선생님께 심하게 혼난 적이 몇 번 있었는데 식습관을 고쳐주려고 그 말을 무시해버렸다고 한다. 먹고 싶지 않은 음식을 억지로 먹어야 했던 것은 아이에게 무척 끔찍한 일이었을 것이다. 친구들 앞에서 야단을 맞을 때 창피하고 수치심도 들었을 것이다. 이런 아이의 마음을 잘 읽어주고 선생님과 상담하여 먹을 수 있을 만큼만 먹게 하고 천천히 다른 음식에도 길들여지도록 도와주었다면 아이는 학교에 대해 부정적인 기억을 하지 않았을 것이다.

사람은 자신의 욕구가 훼손될 때 적절한 도움을 받지 못하면 마음에 상처를 입는다. 아이가 말과 행동으로 자신의 욕구를 표현할 때 부모가 반응하지 않으면 자신이 부모에게서 거부당한다고 생각한다. 거부당한 기억이 축적되면 재연이처럼 부모의 어떤 동의나 허락도 구하지 않고 자신이 원하는 대로 행동하거나 자신의 힘으로는 어찌할 수 없어 아무것도 시도하지 않는 무기력한 아이가 된다.

아이는 부모를
만족시켜주기 위해
태어난 존재가 아니다

    아이를 기르는 엄마들은 때로 한숨 섞인 푸념을 뱉어낸다. 아이 때문에 너무 힘들고 그럴 때마다 아이들이 미워진다는 것이다. 나는 그 어머니들에게 물어본다.

    "무엇이 그렇게 힘드세요?"

    돌아오는 대답은 이렇다.

    "아이들이 말을 안 들으면 화가 치밀어요. 내 말을 안 듣는 아이들이 너무 미워요."

    부모들은 대부분 아이가 자신의 말을 잘 듣는 착한 아이가 되기를 바란다. 그래서 부모의 기준으로 틀을 만들어 아이를 그 안에 가두려고 한다. 아이가 로봇처럼 자신의 말대로 움직여주기를 바란다. 나는 그런 어머니들에게 말한다.

"아이들은 기계가 아닙니다."

우리는 TV를 리모컨으로 조종하듯이 아이들을 내 뜻대로 조종할 수는 없다. 아이들은 기계가 아니기 때문에 자신만의 바람이나 욕구, 느낌을 갖게 마련이다. 아이들이 부모의 뜻과 달리 무언가를 하고자 한다면 그 아이는 건강하다는 신호를 보내는 것이다. 생명이 죽게 되면 어떤 욕구도 가질 수 없다. 아이들이 살아있으므로 느낌도 욕구도 갖게 되는 것이다. 아이의 바람이 부모와 다르다고 해서 아이들의 정서를 무시하고 짓밟는다면 아이들은 내면에 상처를 안게 되고 그것은 아이들의 성장에 큰 걸림돌이 되기 쉽다.

다섯 살 된 남자아이가 어느 날 엄마에게 이렇게 말했다.

"나 지금부터 엄마 말 안 들을 거야."

아이의 당돌한 발언에 엄마는 당황해서 물었다.

"왜?"

"엄마는 엄마 맘대로 하잖아. 내 말은 들어주지도 않고. 그러니까 나도 내 맘대로 할 거야."

아이의 말에 어안이 벙벙해진 엄마는 아이에게 다시 물었다.

"언제 엄마가 엄마 맘대로 했어?"

"내가 바이올린 배우기 싫다고 했는데 엄마가 억지로 시켰잖아. 나는 정말 힘들단 말이야. 재미도 하나 없고…… 근데 엄마는 엄마 맘대로 나를 끌고 가잖아. 그러니까 나도 엄마처럼 내 마음대로 할 거야."

아이에게 재능을 길러주려고 좋은 선생님을 어렵게 수소문해서 몇 달을 기다려 먼 거리를 오가며 힘들게 바이올린 수업을 받게 해주었건만 엄마의 마음을 몰라주고 불평만 해대는 아이를 보며 엄마는 기운이 쭉 빠졌다. 엄마의 지극한 정성을 몰라주는 아이가 미워서 엄마는 심한 말까지 쏟아냈다.

"너 바이올린 안 배울 거면 엄마가 해주는 밥도 먹지 마!"

그 이후 아이는 점점 엄마의 말을 듣지 않는 아이로 변해갔다. 엄마가 하지 말라는 짓만 골라서 하며 엄마를 골탕 먹이고 엄마의 화를 돋우었다. 말을 듣지 않는 아이 때문에 심신이 지친 엄마는 무엇을 어떻게 해야 할지 방향을 잃었다. 나는 그 어머니에게 말했다.

"아이는 엄마의 욕구를 충족시켜주기 위해서 태어난 것이 아닙니다."

부모가 아이에게 과잉기대를 하고 아이를 잘 키우기 위해서 갖은 노력을 하는 이면에는 아이를 통해 자기 욕망을 이루고자 하는 욕심이 숨어 있다. 그것은 명예, 지식, 재력 등 부모 자신이 이룰 수 없었던 욕구들일 것이다. 부모가 자식을 통해 원하는 것을 얻으려는 욕심에 눈이 멀게 되면 아이 자체는 보이지 않고 아이는 그저 내 욕구를 충족시켜주는 수단, 도구가 되어버린다. 그래서 아이의 욕구와는 무관하게, 아이가 바라는 것에는 아랑곳없이 헛된 것들을 강요하고 부모의 요구를 군말 없이 따라주기를 원한다.

자식은 부모의 소유물이 아니다. 그리고 부모의 생각을 강요할 수도 없다. 자식이 내 몸을 빌려 이 세상에 나왔다 할지라도 아이는 그 존재 자체로서 존중받아야 한다. 부모의 강요로 사는 삶은 외적으로 성공한 것처럼 보일지라도 본인 자신은 행복하다고 느낄 수 없다.

명성이 자자한 노교수님이 자신의 은퇴식장에서 많은 제자들의 축하를 받을 때 참석한 어느 하객이 "이렇게 많은 제자를 두셔서 기쁘시겠습니다"라고 말하자 그 노교수님은 의외의 대답을 했다. "모두 다 우리 어머니의 기쁨이지요." 노교수님의 표정에서는 씁쓸함과 아쉬움이 묻어났다. 본인 스스로는 명예스러운 교수보다는 예술가나 탐험가, 사업가가 되고 싶었을지도 모른다. 부모의 기대에 부응하기 위해 자신의 꿈을 접어야 했던 자신의 삶에 그분은 만족할 수 없었던 듯하다.

아이들은 스스로 선택하고 결정해야 책임도 직접 지려고 한다. 무슨 일이든 그 일을 할 때는 정서를 수반한다. 남이 시키는 일을 마지못해 할 때 그 일에 진정한 기쁨이나 성취감을 느끼기는 어렵다. 그 일을 잘해보고자 하는 동기가 생기지 않기 때문이다. 자신이 원하는 일을 선택했을 때 아이는 스스로 하려고 하고 책임지려고 한다. 그리고 배워가는 즐거움을 느끼기 때문에 끈기를 발휘할 수도 있다. 부모의 욕심 때문에 아이가 싫어하는 것을 강요하지 말자. 강요는 아이에게 부모에 대한 감사보다는 원망을 심어준다.

우리 아이가 초등학교 1학년 때 피아노 레슨을 시작했는데 한 달쯤 지나자 피아노를 깨부수고 싶다고 했다. 피아노 배우는 것이 얼마나 힘들었는지 아이는 피아노를 '깨부수고 싶다'는 표현을 쓰며 피아노 레슨을 거부했다. 나는 이렇게 말했다.

"피아노 배우는 게 그렇게 힘들구나. 너무 힘들면 지금 안 배워도 돼. 다음에 네가 피아노 치고 싶어지면 그때 배우자."

그 후 아이는 초등학교 5학년이 되자 피아노를 배우고 싶어했다. 다시 피아노를 시작했지만 나는 피아노 치라는 잔소리를 한 번도 하지 않았다. 아이는 피아노를 잘 치지는 못하지만 한 곡 한 곡 배워나가는 기쁨을 느낄 수 있었고 음악을 좋아하는 아이로 성장했다. 아이가 피아노를 싫어했다면 나는 피아노 레슨을 강요하지 않았을 것이다.

아이를 위해서 제공하는 부모의 노력이 실은 부모의 욕구 때문은 아닌지 살펴보자. 진정으로 아이를 위한 것이라면 아이가 싫어하거나 힘들어할 때, 거부 의사를 표현할 때 그 욕구를 잘 수용하는 부모가 되어야 한다. 의욕적이고 동기가 강한 아이로 키우고 싶다면 부모의 욕구를 접어놓고 아이의 마음을 더 들여다볼 수 있는 마음의 눈을 키워야 한다.

통제하기 보다는 실수를 줄이게 하라

부모가 아이와 원만하게 소통하려면 아이의 실수를 비난하는 방식으로 가르치는 것을 삼가야 한다. 실수에 지나친 죄책감을 심어주면 아이는 앞으로 자신의 행동을 주도적으로 선택하지 못하고 주눅들거나 위축되거나 부모에게 반발한다.

사람은 죽을 때까지 실수를 거듭하는 존재다. 사람은 완전하지 않기 때문에 실수하면서 배워나간다. 실수하지 않으면 좀 더 나은 것을 배울 수 없다. 실수는 배움의 과정이다. 실수가 있기에 다음에는 더 잘할 수 있는 방법을 찾게 된다. 그렇다면 아이의 실수에 죄책감을 주지 말고 실수를 줄여나갈 수 있는 방법을 찾도록 도와주어야 한다.

추운 날 아이가 밖에 나가 놀고 싶어 할 때 엄마들은 대부분 춥다며 집 안에서 놀게 하거나 방한이 잘 되는 두꺼운 옷을 입고 나가기를 원한다. 그런데 아이는 답답하다며 얇은 옷을 입겠다고 고집을 피운다.

엄마 말을 듣지 않고 아이가 옷을 얇게 입고 나가 놀다가 감기에 걸려 열나고 아프게 되면 엄마는 아이에게 화가 난다. 그래서 "엄마 말 안 들으니까 아프잖아.""다음에는 두꺼운 옷 안 입으면 밖에 나가서 못 놀아." 같은 말로 아이를 비난하거나 엄마 말을 듣도록 통제한다. 그런데 다음에 또 같은 상황이 되면 엄마는 아이와 입씨름을 하게 되고 아이와 엄마는 또 마음이 상한다. 아이는 두꺼운 옷을 입지 않고도 춥지 않게 밖에서 즐겁게 놀 수 있고, 엄마는 아이가 감기에 걸리지 않을까 하는 염려도 덜 수 있는 대화로 바꾸어보자.

엄마: 날씨가 추우니까 집에서 놀면 좋겠다.

정우: 싫어. 놀이터에 가서 놀 거야.

엄마: 집에서 노는 게 답답하구나. 놀이터에서 놀고 싶지?

정우: 친구들이랑 미끄럼타고 놀 거야.

엄마: 그래, 근데 춥게 입고 나가면 감기에 걸릴 수 있어.

정우: 그래도 싫어.

엄마: 두꺼운 옷을 입으면 몸 움직이기가 힘들지. 근데 추워서 감기 들

면 열나고 병원에 가서 약 먹어야 할 텐데……

아이: 병원 가기 싫어.

엄마: 그래, 그러면 네가 뛰어놀기 편하게 얇은 옷을 여러 겹 입을까?

아이: 그래.

아이가 활동하기에도 편하고 춥지 않을 정도로 너무 두껍지 않은 옷을 여러 겹 입도록 해주면 아이와 엄마가 모두 만족할 수 있다. 두껍고 답답한 옷을 싫어하는 아이가 얇은 옷을 겹쳐 입으면 춥지 않다는 것을 배울 수 있어서 앞으로도 자신에게 편한 방법으로 겨울추위에 잘 대처할 수 있게 될 것이다.

수용과 허용의
경계를 정하라

초등학교 4학년 딸아이가 친구네 집에서 친구와 함께 자고 싶어 한다. 그 또래 아이들이 친구관계를 형성하면서 친구와 함께 놀고 싶은 욕구가 강해지면 함께 있는 시간을 연장하고 싶어져서 잠도 함께 자면서 마음껏 놀고 싶어 한다.

아이를 기르다 보면 이런 일을 한 번 쯤은 경험한다. 이럴 때 부모는 어떻게 하는가? 아이의 바람대로 허락을 하는가, 아니면 부모의 뜻대로 안 된다고 하는가?

아이가 어떤 요구를 할 때 원하는 대로 들어주는 경우도 있지만, 어떤 때는 들어주기가 곤란할 때도 있다. 부모가 아이의 요구를 들어주지 못할 때 엄마의 말을 잘 따르면 문제가 없지만 반발하거나 계속 고집을 부리면 엄마와 아이의 관계는 힘들어진다. 그리고 그런 일이 반복되면 엄마는 자기 말을 듣지 않는 아이가 미워진다.

그러면 아이의 요구를 어디까지 허용하고 어떻게 통제해야 아이가 부모에게 반항심을 갖지 않게 할 수 있을까?

사회적으로 허용되는지
허용되지 않는지 따져본다

아이의 요구를 들어줄 것인지, 말 것인지의 기준을 정할 때 주의해야 할 점은 그 기준이 부모의 일방적인 취향이나 주관적인 판단이어서는 안 된다는 것이다. 아이가 아침에 학교에 가려고 옷을 입을 때 아이가 입으려는 옷을 엄마가 입지 못하게 하는 경우가 있다. 엄마가 보기에 색깔이 어울리지 않거나 계절이나 날씨에 맞지 않을 때 다른 옷을 입게 한다. 그런데 아이는 자기가 원하는 옷을 입고 싶어 한다. 옷을 가지고 아침부터 엄마와 실랑이가 벌어지면 엄마와 아이 모두 기분이 상한다. 아이가 입으려는 옷을 엄마가 마음에 안들어 할 때의 기준이 엄마의 주관적인 생각이라면 아이는 엄마의 요구를 납득하기 어려워 계속 자기주장을 할 것이다.

아이와 부딪치지 않으면서 아이가 자신에게 필요한 선택을 하도록 도와주려면 엄마는 허용과 통제의 일관된 기준을 가지고 있어야 한다.

아이가 어떤 요구를 할 때 그 요구가 사회적으로 허용되는가 허용되지 않는가를 따져보고 아이에게 "그렇게 하자" 또는 "그렇게 하면 안 된다"고 말해야 한다. 사회적으로 허용된 것이라면 "그래, 그렇게 하자"고 말하지만 사회적으로 허용되지 않은 것이라면 "안 돼"라고 말한다.

아이가 어떤 옷을 입으려고 할 때 아이의 욕구와 취향을 충분히 수용하고 인정하자. 단지 엄마 마음에 들지 않는다고 해서 아이가 고른 옷을 입지 못하도록 통제한다면 아이는 엄마의 일방적인 기준에 오히려 혼란스러운 경험을 하게 될 것이다. 다만 너무 추운 날씨에 여름옷을 입으려고 한다면 걱정되는 엄마 마음을 얘기할 수 있다.

"너는 이 옷이 마음에 들어서 이걸 입고 싶은 거지. 근데 오늘 날씨가 추워서 엄마는 네가 감기 걸릴까봐 걱정이야. 더 따뜻한 옷을 입으면 어떨까?"

라고 제안하여 아이가 다른 선택을 하도록 도와줄 수 있다. 옷을 입는 것은 전적으로 개인의 취향이다. 누군가가 간섭할 수 있는 문제가 아니다. 그러나 아이는 아직 어리기 때문에 엄마의 적절한 조언이 필요하다. 엄마가 아이의 욕구를 먼저 충분히 수용해주면 아이는 더 나은 선택을 할 수 있다.

어떤 엄마는 계절이 바뀌어서 아이에게 새 옷을 사다주었는데 아이는 엄마가 사준 옷은 거들떠보지도 않고 입던 옷만 계속 입으려고 하고, 옷을 갈아입지도 않으려 해서 매일 실랑이를 한다고 하소연했다. 아이가 한 가지 옷만 입으려고 고집한다면 그 옷이 특별히 마음에 들거나 입기에 편해서일 것이다. 그런 아이의 마음을 수용해준다면 엄마 마음에 드는 옷을 고를 것이 아니라 아이와 함께 시장에 가서 아이 마음에 드는 옷을 고르게 하면 엄마와 옷 문제로 싸우는 일은 없을 것이다.

　똑같은 옷을 여러 장 사겠다고 해도 아이의 의견을 존중하자. 엄마는 디자인이 다른 옷을 사서 번갈아 입기를 원하지만 아이가 편한 것을 우선시한다면 디자인이 똑같은 옷을 여러 장 사서 자주 갈아입게 하는 것이 아이의 욕구불만을 해소시켜줄 것이다.

　사춘기에 접어들면 아이들은 자기 코드에 맞는 옷만을 고집한다. 자아정체감을 형성하는 시기이기 때문에 이 시기 아이들은 자신의 외모에 집착하게 된다. 부모에게서 정서적인 독립을 하려는 이 시기의 특성을 이해한다면 옷 입는 문제로 아이와 부딪쳐서는 안 된다. 아이의 취향을 충분히 수용해야 다른 중요한 문제로 갈등이 발생했을 때 서로 의견을 나누고 상의할 수 있게 된다. 엄마는 사회적으로 금지된 것이 아니라면 사소한 문제에서는 아이와 거리두기를 해야 한다.

　아이가 친구네 집에서 자겠다고 할 때도 친구와 함께 즐거운 시간을 보내고 싶은 아이와 바람을 수용하고 이해해야 한다. 다만 아이의 안전이 걱정된다면 아이가 잠자려는 친구네 집 환경이 안전한지를 확인해주면 된다. 친구네 집의 부모님 허락이 있었는지, 여자아이라면 친구네 집에 남자들이 있는지를 체크한다. 만일 친구네 집이 안전하지 않다면 자신의 집으로 친구들을 불러 잠자는 기회를 주는 것도 좋다. 우리 아이도 초등학교 3, 4학년 무렵에 주말에 친구들을 불러 우리 집에서 자곤 했다. '파자마 파티'를 하며 아이들은 친구와 재미있는 시간을 보냈다. 엄마가 번거로운 것이 싫어서 아이를 금지한다면 아이는 욕구불만이 쌓일 것이다. 사소한 것들이 쌓여 일탈행동으로 커지지 않도록 하려면 아이가 욕구를 그때그때 적절히 해소하도록 도와주어야 한다.

위험하거나 해로운지 따져본다

부모의 일관된 기준은 아이에게 안전한 울타리를 쳐주는 것과 같다. 어린아이들이 놀이터에서 놀 때 놀이터 가장자리에는 울타리가 쳐져 있다. 아이들은 그 울타리 안에서 각종 놀이기구를 이용해 재미있게 논다. 울타리 밖은 자동차가 다닐 수도 있고 위험에 노출될 수도 있다. 아이들이 안전하게 보호받으면서 신나게 놀 수 있도록 놀이터에 울타리를 마련해주는 것처럼 부모가 아이를 양육하면서 일관된 기준을 가지고 규칙을 제시해주면 아이는 안전한 기준을 가지게 된다. 아이가 여러 가지 혼란스러운 상황을 접하게 될 때도 엄마가 제시해준 안전한 기준을 가지고 판단하고 선택할 수 있게 된다.

대처방법을 알려준다

초등학교 1학년인 한 남자 아이가 500원짜리 동전을 들고 집에 왔다. 엄마가 의아해서 돈이 어디에서 났느냐고 물어보니 아이는 놀이터에서 주웠다고 대답했다. 친구랑 놀다가 천 원짜리 석 장이 모랫바닥에 떨어져 있는 것을 보고 주워서 친구들이랑 아이스크림을 사먹고 남은 돈은 나누어 가졌다는 것이다. 엄마는 당황해서 아이를 혼냈다.

"너 도둑놈 되려고 그래? 네 돈도 아닌 걸로 군것질을 하고 잔돈까지 가져오다니…… 안 되겠다. 경찰서에 신고해야겠어." 하면서 아이를 위협했다. 이런 부모의 반응은 아이에게 죄책감만 심어줄 뿐 그 행동이 왜 나쁜지는 알려주지 못한다. 그리고 다음에 이런 상황이 또 생기면 어떻게 대처해야 하는지 방법도 모르게 된다. 아이가 다시 이런 실수를 반복하지 않게 하려면 부모는 어떻게 해야 할까?

첫째, 돈을 봤을 당시 아이의 마음을 이해하고 공감해준다

엄마: 이 돈 어디서 났니?

민수: 놀이터에서 놀다가 주웠는데 천 원짜리가 석 장이나 있었어.

엄마: 그 돈을 어떻게 했니?

민수: 목말라서 친구들이랑 아이스크림 사먹었어.

엄마: 그럼 이 동전은 어디서 났니?

민수: 돈이 남아서 친구들이랑 나눴어.

엄마: 그래, 돈이 공짜로 생겨서 기분 좋았겠다. 아이스크림도 사먹고
　　　남은 돈도 가졌으니 오늘 횡재했네.

민수: 응.

둘째, 아이가 자신의 행동을 되돌아보고 스스로 생각하도록 한다

엄마: 근데 이 돈은 원래 네 돈이었니, 아니었니?

민수: 내 돈이 아니야.

엄마: 그렇지. 이 돈을 잃어버린 사람은 어떤 마음일까?

민수: 속상할 거 같아.

엄마: 그래. 무척 속상하고 돈을 다시 찾고 싶을 거야. 그래서 그 놀이
　　　터에 다시 가보기도 할 거야. 근데 돈을 못 찾으면 얼마나 실망
　　　하겠니?

민수: 맞아. 나도 예전에 그런 적 있어.

셋째, 안전한 울타리를 만들어준다

아이의 마음을 온전히 공감하고 아이가 자신의 행동을 되돌아
보게 한 후 아이의 행동에서 되는 것, 안 되는 것에 대한 안전한 울
타리를 만들어준다.

엄마: 그러니까 네 돈이 아닌 것은 가져오면 안 돼.

민수: 그래도 다른 사람이 가져갈 수도 있잖아.

엄마: 그러니까 주인이 찾아갈 수 있도록 방법을 찾아야 돼. 주운 돈을
　　　경비실에 맡겨두면 되겠다.

민수: 경비실이 없는 곳에서는?

엄마: 만약 길거리에서 돈을 주웠거나 주인을 찾을 수 없다면 기부 통
　　　장에 돈을 넣었다가 수재민 돕기나 불우이웃 돕기 성금으로 내
　　　면 좋겠다. 네 돈이 아니니까 돈이 좋은 일에 쓰이면 주인한테도
　　　덜 미안하겠지.

민수: 그렇겠네.

엄마: 앞으로 네 것이 아닌 것은 무엇이든 들고 오면 안 된다.

민수: 응. 알았어.

이렇게 아이에게 행동의 기준을 정해주면 다음에 같은 상황에
처하게 되었을 때 대처방법을 알게 되고 아이가 혼란스럽지 않을
것이다. 아이에게 '기부저금통'을 마련해주어 부모가 처리하기 귀
찮은 동전이 있을 때마다 저금통에 넣어주거나 주인 없는 돈도 그

안에 넣어두면 학교에서 기부행사가 있을 때 이렇게 모은 돈을 낼 수 있어서 좋다.

부모가 가르쳐주어야 할 것은 "내 물건이 아닌 것은 내 맘대로 손대서는 안 된다"는 엄격한 지침이다. 그것을 아이에게 죄책감을 주지 않는 방법으로 차근차근 대화하면서 스스로 깨닫도록 도와주자.

아이에게 규칙을 줄 때는 사회적으로 허용되는 것인가, 위험하거나 해로운가, 이 두 가지를 기준으로 판단하면 된다. 아이의 행동에 감정적으로 대응하기보다는 명확하고 일관된 기준을 가지고 있어야 한다.

행동을 통제해도 욕구는 없어지지 않는다

아이가 위험한 행동을 하거나 부모가 원치 않는 행동을 할 때 부모는 행동을 바로잡기 위해 제재를 가한다. 꼼짝 못하게 하거나 위협하거나 혼을 내어서라도 그 행동을 바로잡으려 한다. 아이에게 부모가 무서운 존재라면 아이는 그 행동을 하지 않을 것이다.

그런데 주의해야 할 것은 아이의 행동에 제재를 가해서 그 행동을 못하게 한다 해도 아이 마음속의 욕구는 사라지지 않는다는 것이다. 오히려 그 행동에 대한 욕구는 더욱 커져서 부모의 통제를 벗어나는 순간 일탈로 이어질 수 있다.

　사춘기가 되면 아이들은 부모의 일방적인 요구를 듣지 않는다. 자기 스스로 하고자 해야 행동을 바꾼다. 그러니 아이에게 무엇을 무조건 못하게 하기보다는 아이의 욕구를 충분히 이해하고 수용하자. 그런 후 그 행동을 허락하지 못하는 이유를 위의 두 가지 이유를 들어 설명하고 이해하도록 도와야 한다.

　이렇게 하려면 우선 아이와의 관계에 초점을 두어서 생활해야 한다. 아이와 좋은 관계가 되고 신뢰관계가 충분히 만들어져야 아이도 부모의 마음을 이해하고 수용할 수 있게 된다. 아이와의 좋은 관계맺기는 아이 양육의 최우선 순위임을 기억하자.

감정코치로
아이들을 변화시켜라

감정은 소중한 것이다. 그런데 보통 부모들은 아이가 즐거워하거나 긍정적인 감정을 나타낼 때는 그 감정을 받아주지만, 누군가를 미워하거나 짜증을 부리거나 신경질을 내면 아이의 감정을 받아주지 못한다. 긍정적인 감정은 좋은 것이고 부정적인 감정은 나쁜 것이라는 선입견이 있기 때문에 "미워하면 안 돼", "짜증 부리면 나쁜 아이야"라는 말로 아이의 감정을 억압해버린다. 그래서 아이는 부정적인 감정이 들 때 그것을 적절하게 표현하지 못하고 마음속에 쌓아둔다.

부정적인 감정을 표현하지 않아도 감정은 마음에 남아 있다. 감정 표현이 어려워지면 아이는 반항이나 일탈행동으로 감정을 표출하게 된다. 기너트 박사는 충고의 말에 앞서 '이해의 말'이 선행되어야 한다며, 부모에게 아이가 어떻게 느껴야 하는지 가르치지 말라고 당부한다. 이것은 아이들에게 자신의 감정에 대한 불신만 가져오기 때문이다. 부모는 행동에는 제약을 두어도 되지만, 감정과 희망사항에는 제약을 두지 않아야 한다고 충고한다.

감정은 어떤 것이든 소중하다는 것을 인식하자. 앞서 말한 대로 긍정적인 감정은 우리의 욕구가 충족되었음을 알려주는 신호이고 부정적인 느낌은 욕구가 채워지지 않았음을 알려주는 신호다. 내 아이의 감정에 이름을 붙여준 뒤, 그 감정을 존중하고 이해해야 한다. 부정적인 감정도 자연스러운 것임을 알게 하고, 그 부정적인 감정은 변할 수 있음을 알려준다.

부모는 아이가 부정적인 느낌을 표현할 때 아이에게 필요한 것이 채워지지 않았다는 신호로 받아들여 아이가 감정을 표현할 수 있도록 수용해야 한다. 감정을 잘 표현하지 못하면 마음에 멍이 든다. 멍든 마음은 건강하지 못하다. 아이가 부정적인 감정을 두려워하지 않으면서 자연스럽게 표현하고 그것을 해소할 수 있도록 도와주어야 한다.

아이는 태어난 순간부터 감정 표현으로 부모와 소통한다. 가트맨 박사는 아이의 감정을 충분히 받아주고 좋은 감정으로 이끌어주는 것이 부모의 가장 큰 사랑의 기술이라고 강조했다. 아이에게 정서적으로 열려 있고 공감해주는 부모, 아이가 힘들어할 때 잘 다독여주는 부모가 아이들에게는 절대적으로 필요하다.

강력한 심리치료 방법, 감정 표현

감정이란 우리가 어떤 특정한 상황에 놓일 때 몸으로 느끼는 감각 또는 기분을 망라해서 일컫는 말이다. 가장 기본적인 감정은 두려움, 슬픔, 분노, 기쁨이다. 사람이 감정을 느끼는 이유는 자기 자신을 안전하게 보호하기 위해서다.

예를 들어 내 영역이나 기본적인 권리를 침해당하면 화가 난다. 이때 화를 내서 자신을 보호하고 방어해야 한다. 그렇지 않으면 나의 권리나 영역을 지킬 수 없다. 분노는 자기 자신과 자유를 지키기 위한 인간의 본능이다. 그런데 우리가 긍정 감정만 수용하고 부정 감정은 '나쁜 것'이라고 억누른다면 억눌린 감정이 어느 순간 돌출되어 관계를 해치게 된다.

두려움을 표현하는 방법
두려움은 지나치게 위험한 곳으로 가지 않도록 우리를 제어해준다. 두려움은 우리를 신중하게 하고 멈추게 하고 생각하게 한다. 앞에 어떤 위험이 도사리고 있는지 모를 때 우리의 두뇌는 그것을 피해가게 해준다. 두려움은 위험에 뛰어들지 않고 이상한 일에 조심하도록 하는 중요한 감정이다. 아이가 두려움을 느낄 때 철저하게 사실적이 되어 두려움에 관해 이야기를 나누어야 한다.

대구지하철 참사가 일어났을 때 초등학교 4학년 아이가 혼자서 극적으로 지하통로를 빠져나와 생존한 일이 있었다. 그 아이는 깜깜한 지하에서 열차가 불타고 사람들이 죽어가는 아비규환의 상황에서 자신의 손목에 감긴 손수건으로 입을 막고 벽을 더듬어가며 통로를 빠져나왔다고 한다. 그 아이가 이런 위기에 대처할 수 있었던 것은 평소에 엄마와 함께 지하철을 타고 깜깜한 지하터널을 지날 때마다 아이가 두려워하면 화재 시에 어떻게 행동해야 하는지를 엄마와 함께 얘기한 결과라고 한다.

아이들은 자신을 둘러싼 넓은 세상에 대해 막연한 두려움과 걱정이 있다. '집에 불이 난다면', '지진이 일어난다면', '내가 납치당한다면', '집에 도둑이 든다면' 등 아이들은 수없이 많은 두려운 생각을 한다. 아이가 두려워할 때 아이의 두려움이 무엇인지 인내심을 갖고 편안한 태도로 이야기하자. 아이가 앞으로 일어날지 모르는 일이나 일어나지 않을 일에 대한 두려움을 갖고 있다면 그에 대해 사실적으로 이야기해주고 안전함을 느끼기 위해 무엇을 해야 할지 구체적으로 이야기를 나누면 두려움에 대처하는 능력을 키울 수 있다.

아이의 말을 무시하지 말고 위험한 일이 터졌다고 가정하고 어떻게 대응할지 현실적이고 구체적인 계획을 짜며 이야기를 나누어야 한다. 아이는 막연한 두려움에서 벗어나 현실적인 대응 능력을 갖추게 될 것이다.

어떤 아이는 엘리베이터를 혼자 타지 못한다. 폐쇄된 공간에 홀로 있는 것이 두렵고 싫어서다. 엄마는 아이와 함께 엘리베이터를 타서 혹시 비상사태가 발생하면 버튼 누르는 방법을 알려주어 아이가 대처할 수 있도록 한다. 아이 혼자 엘리베이터 타기에 익숙해질 때까지 엄마가 함께 엘리베이터를 타서 그 안이 안전하다는 것을 아이가 몸으로 체험할 수 있도록 도와주어야 한다.

두려움을 느끼는 이유는 안전에 대한 욕구가 있기 때문이다. 아이와 함께 두려운 상황에 대처할 수 있는 방법을 익히고 나면 막연한 두려움이 사라질 것이다.

슬픔을 표현하는 방법

살아가면서 누군가와 헤어지거나 소중한 것을 잃었을 때 오는 스트레스는 슬픔을 표현함으로써 씻어낼 수 있다. 실컷 울고 나면 감정이 정화되고 마음이 홀가분해지는 카타르시스를 경험한다. 슬픈 감정을 충분히 느끼면 뇌에서 화학작용이 일어나 머릿속의 고통을 없애주고 슬픔을 떨치고 새롭게 시작할 수 있게 해준다. 슬픔은 우리에게 소중한 사람이나 사물을 떠나보내게 하고 새로운 출발과 새로운 사람과의 만남을 가능하게 한다.

사랑하는 사람이나 애착의 대상과 이별하게 되었을 때 충분히 애도할 수 있는 시간을 갖지 못하면 사람은 그 대상을 온전히 떠나보내기가 힘들다. 마음속에서 떠나보내지 못하므로 그 대상에게 집착과 미련이 남아 새롭게 만나는 대상을 온전히 사랑할 수도 없다.

슬픔을 없애는 가장 좋은 방법은 우는 것이다. 그런데 아이가 울음을 터뜨리면 울보라고 놀리거나 나약한 아이라고 야단을 치게 된다. 울고 싶은 아이를 혼내서 울음을 멈추게 하면 아이의 마음이 울게 된다. 울지 않는다고 슬픔이 사라지는 것은 아니기 때문이다. 사람이 울지 않는다고 해서 강해지는 것은 아니다. 오히려 슬픔이 해소되지 않아 초조해하며 과거에 집착하게 되고 다른 사람의 감정이나 죽음, 상실과 관련된 모든 것에 대해 두려움을 느끼게 된다. 다이애너 전 영국 왕세자비가 사망했을 때 한 달간 정신과를 찾는 사람이 3분의 1로 줄어들었다고 한다. 전 국민이 애도하는 분위기 속에서 자신의 슬픔을 충분히 표현하고 애도할 수 있었기 때문에 불안이나 심리적인 고통이 감소되었다는 것이다. 울줄 알고 슬픔을 해소할 줄도 안다면 어떤 일이라도 감당할 수 있게 된다고 한다. 울음은 웃음보다도 더 강력한 심리치료 효과가 있다고 한다.

과학자들은 사람이 상실에 따른 심한 고통으로 울게 되면 그 사람의 몸에서 엔도르핀의 일종인 화학물질이 분비되어 고통을 느끼게 하는 감각기관을 차단하고 고통을 치유하는 마취성분을 만들어낸다는 것을 발견했다. 이 화학물질은 눈물에도 있는데 모르핀만큼이나 강력한 힘이 있다고 한다.

아이들은 성장과정에서 무수히 많은 만남과 헤어짐을 경험한다. 친구, 선생님, 장난감, 이웃, 친척, 아끼던 물건, 애완동물 등과의 만남과 이별의 과정에서 아이들이 슬픔을 느낄 때 부모는 아이가 충분히 슬픔에 잠겨 자신의 감정을 느끼고 표현하도록 도와주어야 한다. 그래야 아이는 정든 대상을 떠나보내고 새로운 대상을 맞이하는 법을 건강하게 터득해나갈 수 있다.

아이가 울 때 옆에 있으면서 침착함을 유지하며 아이가 안기고 싶어 하면 꼭 껴안아주고 혼자 있고 싶어하면 혼자만의 시간을 준다.

"슬플 때는 마음껏 울어도 괜찮아."

"강아지가 죽어서 정말 슬프지. 엄마도 슬프단다."

"친구랑 친하게 지냈는데 전학을 가서 너무 슬프겠구나."

라고 말해주고 슬픔에 잠겨 충분히 애도의 시간을 갖도록 배려해준다.

엄마가 아이의 말을 충분히 들어주고 감정을 읽어주고 나면 아이는 마음이 편안해져서 친구와 사이 좋게 놀게 된다. 중요한 것은 감정을 허용하는 것과 행동을 허용하는 것을 구분해야 한다는 것이다. 아이가 감정을 표현하는 것은 허용하지만, 욕하거나 때리거나 물건을 던지는 등 해를 입히는 행동은 허용하면 안 된다.

아이에게 서로 좋은 감정을 가지라고 강요하면 오히려 나쁜 감정이 생길 수 있다. 아이의 부정 감정을 충분히 인정해주고 수용하면 아이는 감정이 해소되어 긍정적인 감정이 생겨난다.

화나는 감정을 표현하는 방법

잘 들어준다 아이의 말을 잘 들어주는 것은 아이의 부정적인 감정을 해소하는 가장 좋은 방법이다. 아이의 말을 들을 때 부모는 당위적인 생각을 내려놓아야 한다. '미워하는 건 나빠' '화를 내면 안 돼' 라는 생각을 하면 아이의 마음을 공감하며 온전히 들어줄 수 없다. 잘 들어주기만 해도 아이의 나쁜 감정은 해소된다. 화나는 상황을 충분히 표현함으로써 화를 잘 해소하도록 도와주어야 한다.

행동보다는 말로 표현하게 한다 아이가 가지고 놀던 장난감을 던지고 버럭 화를 내면서 친구에게 욕한다면, 엄마가 덩달아 화를 내서는 안 된다. 아이가 자신이 화가 났다는 것을 천천히 말로 표현하도록 엄마는 잘 들어주어야 한다.

아이의 감정에 이름을 붙여주며 아이의 욕구를 읽어준다 "네가 가지고 놀려는 인형을 친구가 주지 않아서 속상했구나." "너는 이 인형으로 친구랑 소꿉놀이를 하고 싶은 거지."

화가 나도 상대에게 상처 주는 것은 안 된다고 분명하게 가르쳐준다 "화가 나도 물건을 던지거나 친구한테 욕을 하면 안 돼." "인형 가지고 함께 소꿉놀이 하자고 말해볼까?"

표현되지 않은 감정은 마음속에 쌓인다

나쁜 행동의 원인은 나쁜 감정이다. 사람은 마음에 나쁜 감정이 없으면 나쁜 행동을 하지 않는다. 마음이 편치 않을 때 행동이 정상적으로 나오지 않는 것과 같다. 아이가 하지 말라는 것만 하고, 심통 부리고, 고집 부리는 이유는 마음속에 부정적인 감정이 가득 차 있기 때문이다. 내 안에 슬픔, 분노, 공포의 감정이 있을 때 괜히 심술궂은 행동을 하게 되고, 소리를 지르거나, 문을 꽝 닫거나, 사람들과 어울리기 싫어 하고, 반발하고 싶어진다.

마음속에 부정 감정이 쌓여서 더 담아놓기 힘들면 밖으로 터져나온다. 나쁜 느낌이 제때 해소되지 못하고 오랫동안 마음속에 쌓이면, 아이들은 자기 마음을 다스릴 수 없게 된다. 시간이 흐를수록 그 느낌의 원인을 파헤치기는 더욱 어려워지고 성장하면서 반항적인 행동이나 일탈행동 등 다른 문제를 일으킬 개연성이 높아진다.

어른이나 아이나 마음속에 나쁜 느낌을 저장하고 있다는 사실을 대부분 모르고 지낸다. 나쁜 감정을 갖는다는 사실이 두려워서 숨기려는 본능 때문이다. 이렇게 쌓인 나쁜 감정이 해소되지 못하고 쌓이면 나중에 배우자, 아이, 부하직원, 동물 등을 학대하며 자신도 모르게 나쁜 감정이 터져나오게 된다.

인형꼬집기, 쿠션때리기 화가 나거나 미운 사람이 있을 때 그 사람을 상상하며 하고 싶은 말을 실컷 하고 때린다. 그 사람에 대한 미운 감정이 해소되어 마음이 후련해진다.

그림그리기 나쁜 감정을 그림으로 그리고 나면 마음이 편안하고 차분해진다. 무서운 꿈을 꾸었거나 마음이 편치 않을 때 무엇이든 그 느낌을 그림으로 표현하고 나면 마음이 홀가분해진다.

놀이 모래놀이, 찰흙놀이 등을 통해 부정적인 감정을 해소하고 성취감을 느낄 수 있다.

글로 표현하기 자기만의 공책에 감정 쓰기. 자신이 겪고 있는 것, 솔직한 내 감정을 숨김없이 적는다. 아이들은 일기장에 자신의 감정을 털어놓는다.

한 아이가 엄마한테 야단맞은 일, 엄마에게서 들은 욕을 적나라하게 적어놓아서 엄마가 당황했다고 한다. 선생님이 아이 일기장을 보았을 것을 생각하니 얼굴이 화끈거려 아이를 불러 그런 글을 쓰지 못하게 말렸다고 한다.

그런데 자신의 감정을 해소할 수 있는 방법이 차단되고 나면 아이는 부모에게 반항하거나 문제 행동으로 나타낸다. 아이들이 표현하는 글을 보고 자신을 통찰할 기회가 있다면 부모는 폭력적인 말과 행동을 자제할 수 있을 것이다. 그러면 아이의 글에는 당연히 긍정적인 언어가 많아질 것이다.

한 작가는 어린 시절 부모의 이혼으로 마음에 심한 상처를 입었는데 일기장에 자신의 분노를 털어놓음으로써 현실을 이겨낼 힘을 얻었다고 한다.

긍정적인 감정으로 바뀌도록 도와주자

감정을 무시해버리면 언젠가는 폭발한다. 그 이유는 감정은 마음의 에너지이므로 표현하지 않는 한 사라지지 않기 때문이다. 마음속 어딘가에 숨어서 꿈틀거리다가 자극제를 만나는 순간 거침없이 폭발하게 된다. 슬픈 마음을 누구에게도 말하지 않고 마음속에 담아두어 보이지 않는다고 해서 그 슬픔이 사라진 것은 아니다. 두려움이나 억울함도 마찬가지다. 이런 감정이 마음을 가득 채우다가 어느 순간 폭발하고 만다. 그것이 '화, 분노'라는 감정이다. 그래서 대개 '화난다'라는 표현에는 슬픔, 억울함, 두려움, 외로움 등의 감정이 숨어 있다. 화가 쌓이면 분노가 된다. 분노가 많은 사람은 슬플 때도, 억울할 때도, 외로울 때도 화를 낸다.

자신의 감정을 무시당한 경험이 많은 사람은 조금만 마음이 상해도 화를 내기 때문에 주위 사람들과 좋은 관계를 맺는 데 어려움이 있다. 사소한 일에도 화를 내느라 에너지를 소모하기 때문에 자신도 힘들고 타인에게서도 소외된다. 유아기에 자신의 감정, 특히 부정적 감정에 대해 공감을 받지 못하면 성인이 되어서도 자신의 감정을 제때 표현하지 못하고 해소하는 방법도 모른다. '부정적 감정은 나쁘니까 표현하면 안 돼'라는 부모의 편견이 아이의 마음에 멍에를 씌운 결과다.

감정코치는 아이의 부정적인 마음을 변화시켜 스스로 긍정적인 감정으로 변할 수 있도록 이끌어주는 방법이다. 감정은 무척 소중하다. 아이도 성인과 마찬가지로 감정을 느낀다. 다만 표현방법이 미숙할 뿐이다. 감정코치를 통해 화나고 짜증나는 감정을 잘 해소하고 충분히 표현할 수 있도록 도와주자.

비판하지 말고
관찰한 사실만을 말하라

아이와 대화하려고 해도 대화가 진전되지 않거나 말이 겉돌게 돼서 '그만두자'는 식의 체념으로 대화가 단절되는 경우가 있다. 아이의 문제 행동이나 걱정되는 점을 이야기해주면 아이가 부모의 말을 잘 알아듣고 자신의 행동을 고치기는커녕 오히려 대들거나 반발해서 부모를 더욱 화나게 하기도 한다.

아이와 대화를 시도할 때 생각과 달리 대화가 잘 되지 않는 이유는 대화를 비판으로 시작하기 때문이다. 아이가 컴퓨터를 세 시간 째 하고 있을 때 부모는 어떻게 말하는가?

"너 지금 몇 시간째니?"

"정신이 있니 없니?"

"양심 좀 있어봐라."

등의 말은 아이에게 방어적인 자세를 취하게 만든다. 사람은 누구나 공격을 받으면 자신을 방어하려고 한다. 아이도 부모의 비판적인 말을 들으면 변명하거나 반항적인 태도를 보인다. 이렇게 되면 아이와 부모 사이는 대결구도가 되어 누가 더 옳은가 하는 시비를 가리는 싸움으로 변질되고 대화는 단절되고 만다.

아이와 마음을 나누는 좋은 대화를 하려면 비판하면서 대화를 시작하지 말아야 한다. 그 대신에 관찰한 사실만을 말한다. 관찰한 사실만 말한다는 의미는 부모의 판단, 평가 등 아이의 행동 때문에 떠오르는 모든 생각을 내려놓고 보이는 사실, 관찰한 것만을 말하는 것이다.

위의 경우 아이가 컴퓨터를 세 시간째 하고 있다면 부모는 이렇게 말한다.

"컴퓨터한 지 세 시간 지났어."

이 말은 아이가 자신의 행동을 거울처럼 볼 수 있게 해준다. 아이는 자신의 행동을 객관적으로 볼 수 없다. 그런데 부모가 관찰한 사실만을 이야기해줌으로써 자신의 행동을 거울에 비춰보듯이 인식할 수 있게 된다. 거울을 보면 내 모습이 그대로 보인다. 거울을 보아야 내 얼굴이나 옷매무시를 가다듬을 수 있듯이 아이의 행동을 거울 보여주듯 말로 보여주면 아이는 자신의 행동을 인식하고 잘못된 점을 알아차리게 된다.

관찰만으로 말하게 되면 감정이 개입되지 않기 때문에 상대는 공격받는다고 느끼지 않는다. 따라서 방어적인 태도를 취하지 않게 된다. 부모와 아이가 감정적인 대립을 하지 않으므로 단절감을 느끼지 않으면서 순조롭게 대화할 수 있다.

지금까지 해오던 비판적인 대화 패턴을 관찰로 바꾸어보자. 아이의 반응은 훨씬 더 부드러워지고 부모의 말을 거부하거나 적대하지 않게 될 것이다.

"너 왜 방 청소 안 하니?" → "방이 어질러져 있네."
"아직도 안 자는 거야?" → "열시가 지났네."
"하루 종일 놀기만 할 거야?" → "세 시간 놀았어."
"넌 너무 게을러." → "숙제를 아직 안 했구나."

비판하지 않고 관찰로 대화해야 하는 이유는 우리 자신이 항상 객관적일 수 없기 때문이다. 사람은 자신의 주관을 가지고 사물과 상황을 바라본다. 사람의 주관 속에는 편견이나 선입견이 담겨 있기도 하다. 그래서 사실을 왜곡하거나 넘겨짚는 경우도 있다.

사람은 대개 모든 사실을 다 알 수 없기 때문에 제한된 사실로 올바른 비판을 할 수는 없다. 아이를 비판할 때 아이 행동의 동기를 모두 파악할 수는 없다. 겉으로 드러나는 행동이나 말, 표정을 통해서 그 동기를 모두 알 수는 없는 것이다. 동기는 내적인 것이기 때문에 보이지 않는다. 동기를 다 이해하지 못하면서 비판해서는 안 된다. 흔히 아이에게 "너 왜 공부 안 하니?"라고 물으면 아이는 이렇게 대답한다.

"지금 막 공부하려고 했는데 엄마 말 들으니까 안 하고 싶어."

부모의 비판적인 말이 오히려 아이의 동기를 떨어뜨리는 것이다.

엄마: 공부하기로 약속한 시간이야.

아이: 네, 지금 시작할 거예요.

이렇게 관찰로 바꾸어 표현하면 아이의 동기를 훼손하지 않으면서 아이가 행동을 바꾸도록 도와줄 수 있다.

부모는 아이의 모든 것을 다 알고 있다고 생각하기 쉽지만 알지 못하는 부분이 있게 마련이다. 또 아이에 대한 집착이 강하면 강할수록 아이의 상황을 객관적으로 보지 못하고 왜곡하여 받아들이게 된다.

초등학교 5학년인 수빈이의 엄마는 아이가 학교에 간 후 아이 방을 청소하다가 책상에 놓여 있는 영어학원 교재를 보게 되었다. 아침에 엄마가 영어 숙제를 다 했느냐고 물어보았을 때 분명히 다 했다고 말한 것과는 달리 수빈이는 숙제를 전혀 하지 않았다. 엄마는 수빈이에게 심한 배신감을 느꼈고 아이가 학교에서 돌아오자마자 따져 물었다.

> 엄마: 너 학원 숙제 다 했다더니, 엄마한테 거짓말할 거야?
>
> 수빈: 깜빡했어요. 지금 할게요.
>
> 엄마: 너 이렇게 공부할 거면 그만둬. 공부를 장난으로 하니?
>
> 수빈: 지금 하면 되잖아요.
>
> 수빈: 학원 그만둬. 엄마한테 거짓말이나 하고……
>
> 수빈: (책을 빼앗으며) 지겨워! 학원 안 가면 되잖아요. (방으로 들어가 버린다.)

엄마는 아이와 대화하면서 답답함과 절망감마저 느꼈다. 이 대화는 엄마와 아이 모두에게 상처를 주었고 문제해결을 위한 아무런 방법도 찾을 수 없었다. 두 사람 모두 단절감만 맛보았을 뿐이다.

엄마가 수빈이와 단절되지 않으면서 문제를 해결할 수 있는 대화를 하려면 어떻게 해야 할까? 우선 비판적인 자세를 내려놓고 관찰로 대화를 시작해야 한다. 다시 대화를 해보자.

> 엄마: 엄마가 네 책상에서 영어 교재를 봤는데 숙제가 안 되어 있더구나.

수빈: 네. 못했어요. 어제 학교 숙제가 너무 많아서……

엄마: 그래, 학교 숙제가 많았구나.

수빈: 지금 시간이 남았으니까 학원 가기 전에 할 거예요.

엄마: 시간은 충분하니?

수빈: 다 못하면 선생님께 말씀드려서 다음 시간까지 할게요.

엄마: 혹시 지금 하는 영어 공부가 힘들거나 어려워?

수빈: 네, 좀 어려워요. 숙제도 너무 많고……

엄마: 그래서 숙제하기가 힘들었구나. 그럼 단계를 조금 낮추고 싶어?

수빈: 그러고 싶어요. 그러면 재미있게 할 수 있을 거예요.

엄마: 그래, 그럼 그렇게 해보자.

엄마가 비판적으로 대화를 시작하지 않으니까 아이도 솔직하게 자신의 상황을 말할 수 있었다. 수빈이가 영어 숙제를 못한 이유는 학교 숙제 때문이기도 했지만 지금 하는 공부가 자기 수준에 비해 너무 높아서 부담스러웠던 것이다. 그 이유를 알고 나니 영어 공부를 재미있게 할 수 있는 방법도 찾게 되었다.

아이가 부모에게 변명하거나, 거짓말하거나, 둘러대려고 한다면 아이를 나무라기 전에 부모의 태도가 비판적이지 않은지 점검해보자. 아이가 솔직하게 자신의 상황을 털어놓고 부모와 함께 문제를 해결할 수 있으려면 부모 자신의 감정을 내려놓고 아이의 상황을 객관적으로 바라볼 수 있어야 한다.

아이를 탓하지 말고
부모의 감정을
표현하자

아이가 부모를 난처하게 하는 문제행동을 보이면 부모는 아이의 행동을 제지한다. 그래도 아이가 부모의 말에 잘 따르지 않으면 아이 키우는 일이 너무 힘들고 아이가 미워지기까지 한다.

아이와 실랑이하는 횟수를 줄이고 아이 행동을 바꾸어주려면 아이를 혼내고 야단치기에 앞서 부모의 마음을 잘 전달해야 한다. 부모의 마음을 아이에게 비판 없이 전달하면 아이는 부모의 마음을 이해하게 된다. 부모가 자신을 혼내는 것이 아니라 걱정하고 염려한다는 것을 알게 되면 아이는 부모가 자신을 사랑한다고 느낀다. 그런 다음에 아이의 행동을 바꾸도록 가르쳐주면 된다.

초등학교 2학년인 아들 승원이가 학원에 갔다가 집에 올 시간이 한참 지났는데도 돌아오지 않았다. 엄마는 약속을 어긴 아이에게 화가 나서 볼일을 보러 나가버렸다. 저녁이 다 되어 해가 질 무렵 아이는 집에 돌아왔지만 엄마가 보이지 않았다. 엄마 휴대전화에 전화를 해보아도 연락이 되지 않자 아이는 불안했다. 엄마와 한 약속을 어겼다는 죄책감이 밀려오자 아이는 펑펑 울음이 나왔다. 한참 울고 있는데 엄마가 돌아왔다. 아이는 엄마를 보는 순간 안도하는 마음이 들어 엄마에게 와락 안기고 싶었지만 엄마는 아이를 안아주지 않았다. 그 대신 이렇게 말했다.

> 엄마: 엄마 없으니까 어땠어?
>
> 승원: 무서웠어.
>
> 엄마: 엄마 집 나가면 좋겠어?
>
> 승원: 아니.
>
> 엄마: 다음에는 일찍 들어올 거야, 안 들어올 거야?
>
> 승원: 일찍 들어올 거야.
>
> 엄마: 약속했어. 또 늦으면 그땐 엄마 정말로 집 나간다. 너 혼자 살아봐!

아이에게 이런 방식으로 공포를 주는 방법은 어릴 적에는 효과가 있어 보인다. 아이는 엄마에게 많은 부분을 의존해야 하고 엄마가 밥을 챙겨주지 않으면 스스로 해먹을 수도 없기 때문에 부모의 일방적이고 무서운 양육방식을 따르게 된다.

그러나 아이가 자라면 부모의 일방적인 방식이 자신의 욕구를 억압한다는 것을 느끼게 되어 부모에게 대들거나 반항한다. 밖에서 일찍 못 들어오는 상황이 생기면 둘러대거나 얼버무리고 아예 집을 거부하게 될 수도 있다. 아이가 자신의 행동을 잘 조절하도록 도와주려면 엄마는 소통방식을 개선해야 한다. 엄마의 감정을 얘기해주면 아이는 엄마의 마음을 이해할 수 있다.

> 엄마: 우리 종민이 이제 왔구나. 엄마가 많이 기다렸어. (껴안아준다.) 학원에서 돌아올 시간이 되었는데 종민이가 안 오니까 엄마가 많이 걱정했어.
>
> 종민: 집에 오는데 친구들이 놀자고 해서 놀다보니까 늦었어요.
>
> 엄마: 그랬구나. 친구랑 재미있게 노느라고 시간 가는 걸 잊었구나.
>
> 종민: 네.
>
> 엄마: 근데 종민이가 돌아오지 않으면 엄마는 무슨 일이 생겼나 걱정이 많이 되거든. 혹시 나쁜 일이 생길까봐 엄마가 신경 쓰여.
>
> 종민: ……
>
> 엄마: 그러니까 학원 끝나면 곧바로 집에 와서 엄마 얼굴 보고 난 후 밖에 나가서 놀자. 엄마는 종민이 얼굴 보고 학원에 잘 다녀온 거 확인하면 안심이 되거든.
>
> 종민: 알았어요.

아이를 혼내지 않고 엄마의 기분과 감정을 말해주면 아이는 '아, 우리 엄마가 나를 많이 생각해주시는구나'라고 느낀다. 엄마가 자신을 사랑하고 있다는 것을 확인하고 나면 아이도 엄마의 사랑에 보답하고 싶어진다. 보답하는 방법은 엄마가 바라는 것을 그대로 따르는 것이다. 그래서 학원에서 돌아오는 길에 친구가 놀자고 해도 우선 집에 돌아와 엄마의 허락을 구하고 밖에 나가 놀려고 한다.

기억해야 할 것은 아이가 집에 돌아왔을 때 엄마가 반갑게 맞이해주고 관심을 가져주어야 집에 돌아오는 발걸음이 가볍고 제시간에 맞춰 집에 돌아오려고 한다는 것이다. 집에 돌아와도 아무도 관심을 가져주는 사람이 없고 재미있는 일도 없다면 아이는 집에 오는 것을 미루고 더 재미있는 놀이를 찾아 바깥을 배회하게 된다. 엄마가 원하는 대로 곧장 집으로 왔을 때 아이에게도 좋은 것이 돌아온다는 기대를 할 수 있도록 하자.

초등학교 4학년인 우성이는 학교가 끝나면 집에 오는 대신 PC방으로 가곤 했다. 동네 PC방은 물론 더 먼 곳까지 원정을 가서 집에 돌아오지 않는 아이 때문에 엄마는 걱정이 많았다. 우성이 엄마는 아이를 혼내고 벌 주었지만 아이는 일찍 집에 들어오지 않았다.

손바닥에 유성매직으로 집에 곧바로 돌아오라고 써주기도 했다. 아침에 학교 가기 전에 몇 번씩 다짐을 받기도 했지만 아이는 여전히 학교가 끝나면 PC방으로 직행했다. 엄마는 어찌하면 좋을지 몰라 부모교육 프로그램에 참여하여 도움을 청했다.

나는 우성이가 학교에서 집에 돌아올 때 우성이 엄마가 어디에 있는지를 물었다. 우성이 엄마는 아이의 하교 시간에 거의 밖에 있었다. 직장 생활을 하지 않는데도 볼일을 보거나 친구를 만나거나 쇼핑을 한다고 했다. 우성이의 행동이 바뀌지 않는 이유는 우성이가 집에 돌아왔을 때 편안하고 기분 좋은 것을 기대할 수 없기 때문이었다. 집에 돌아와도 반겨주는 사람이 없고 혼자 집 안에서 심심하게 있는 것이 싫어서 즐거움과 재미를 찾아 PC방을 전전하게 된 것이다.

나는 우성이 엄마에게 특별히 급한 일이 아니면 아이가 학교에서 돌아올 때 집에서 아이를 맞아줄 것을 부탁했다. 혹시 급한 볼일이 생기면 미리 아이에게 말하고 돌아오는 시간도 아이가 예상할 수 있도록 정확하게 말해주라고 했다.

아이가 집에 정해진 시간에 돌아오게 하려면 엄마가 먼저 바뀌어야 한다. 엄마가 시간을 계획해서 쓰면서 아이가 집에 돌아올 시간에는 아이를 기다려주어야 아이도 엄마가 자신을 사랑하고 제때 돌아오지 않으면 걱정한다는 것을 느끼게 된다. 소통은 말로만 이루어지지 않는다.

엄마는 소통 방법을 배워서 우성이가 집에 오지 않으면 걱정하게 된다고 말해주었다. 우성이 엄마는 볼일을 오전 시간에 마치고 아이가 오는 시간에 집에서 아이를 기다리다 아이가 오면 맛있는 간식도 챙겨주고 아이와 함께 시간을 보냈다. 아이가 PC방을 전전하던 습관은 먼 옛날 일이 되었다. 최근에는 우성이가 엄마와 가까운 공원에서 자전거를 함께 타는 모습을 볼 수 있었다. 우성이의 밝은 모습은 참 보기 좋았다. 엄마 역시 행복해 보였다.

감정을 표현하는 방법

느낌으로 표현하기

아이가 밖에 놀러 나가서 약속 시간에 돌아오지 않으면 엄마는 걱정이 된다. 아이가 늦은 시간까지 돌아오지 않으면 걱정은 초조와 불안으로 바뀐다. 부모는 아이가 아무 탈 없이 무사히 돌아오기를 바라며 아이를 기다린다. 그런데 아이가 집에 들어오는 순간 부모는 감정이 폭발해버리고 만다.

"너 어디 갔다 이제 돌아왔어?"

"어디를 싸돌아다니다가 이제 온 거야?"

등의 말을 쏟아붓는다. 부모의 걱정과 불안했던 마음을 전하기보다는 아이를 비난하는 말을 먼저 하는 것이다. 아이가 이런 말을 들을 때 '우리 부모님이 나를 많이 걱정하셨구나', '다음부터는 일찍 들어와야겠다'고 마음먹기보다는, 부모에 대한 미움과 반발심이 더 커질 것이다.

"네가 돌아오지 않아서 걱정했어. 연락이 안 되니까 엄마가 불안하더라"라고 감정을 표현해주면 아이는 부모 마음을 잘 이해하게 된다. 부모가 자신을 사랑한다는 것을 느끼게 된다. 부모 자신의 감정 상태를 아이에게 알려줌으로써 부모를 잘 이해시킬 수 있는 것이다. 아이가 부모의 마음을 잘 이해하고 나면 자신의 마음도 솔직히 표현하게 된다.

사람의 성격은 타고나는 기질과 환경의 영향을 받는다고 한다. 기질을 바꿀 수는 없지만 아이에게 좋은 정서적인 환경이 주어지면 아이는 긍정적인 성격을 형성해간다. 아이의 성격형성에는 부모가 주는 정서적인 환경이 무척 중요하다. 아이의 감정을 잘 읽어주고 부모의 감정도 잘 표현함으로써 정서를 교류하는 것이다. 부모가 자신의 감정 상태를 아이에게 느낌말로 표현해주면 아이는 감정을 잘 분화해가며 자신의 감정을 인식하고 조절하는 능력을 키워간다. 정서능력인 EQ가 개발되는 것이다.

그런데 많은 부모들은 자신의 감정을 표현하는 것을 부끄럽게 생각한다. 우리 문화가 자신의 감정을 표현하는 것을 두려워해왔기 때문에 감정을 표현하기가 쑥스럽고 어색한 것이다. 특히 남자들은 더 심하다. 어릴 적부터 "사내는 강해야 해"라거나 "사내는 울면 안 돼" 등의 말을 들으며 감정을 눌러온 결과 감정을 느끼는 게 힘들고 표현하는 것은 더더욱 어렵다. 아빠 교실에서 감정을 표현하는 감수성 훈련을 해보면 아빠들은 무척 곤혹스러워한다. 해보지 않은 것을 하려니 너무 힘들고 고달프게 느껴지는 것이다.

그런데 아이들이 살아가는 이 시대에는 감성지능이 많이 필요하다. 최첨단 기기에도 인간의 감성이 실리지 않으면 안 되는 시대다. 딱딱한 기계에 인간의 감성을 집어넣어야 한다. 기계의 성능보다는 디자인이 중요해지는 이유는 사람의 감성을 터치할 수 있는 기기가 필요한 시대이기 때문이다.

나의 감성이 살아 있어야 타인의 감성도 읽을 수 있다. 미래를 살아갈 아이들에게 다양한 감성지능을 개발시켜주기 위해서는 부모가 아이들과 교류하면서 감정을 자유롭게 표현하고 느낌말을 많이 사용해주어야 한다. 우리말에 얼마나 많은 느낌말들이 있는가? 느낌말을 활용하여 부모의 감성을 끌어올리자. 느낌을 표현하지 않는다고 해서 느끼지도 못하는 것은 아니다. 단지 자신의 느낌을 말과 행동으로 표현하는 방법을 모르는 것뿐이다.

한 엄마가 부모교육 프로그램에 참가하여 감수성 훈련을 한 후 아이에게 느낌말을 많이 해주었더니 아이가 자신의 감정을 이렇게 표현했다고 한다.

"엄마, 내 가슴이 돌을 올려놓은 것처럼 무거워."

아이는 자신의 마음이 답답하다는 표현을 이렇게 실감나게 하였다. 엄마가 왜 그러는지 이유를 물었더니 아이는 학습지 공부를 많이 하는 것이 힘들다고 대답했다. 아이가 힘들어하는 것을 줄이고 엄마가 공부를 도와주자 아이는 자기 마음을 이렇게 표현했다.

"엄마, 내가 풍선이 되어서 하늘을 둥둥 떠가는 기분이에요."

자기 마음이 가볍고 즐겁다는 표현을 이렇게 풍부한 감정 언어로 표현할 수 있게 된 것이다. 자신의 정서를 잘 알아차릴 수 있게 되면 기분 나쁠 때 기분이 좋아지게 하는 정서조절 능력도 발달하게 된다.

감정을 어떻게 표현할까?

우리가 어떤 감정을 느낄 때 그 느낌은 신체 반응으로 알 수 있다. 기분에 따라 우리 몸의 상태는 달라진다. 얼굴이 화끈거리기도 하고 심장이 쿵쾅거리기도 한다. 손이 덜덜 떨리기도 하고, 손에서 땀이 나거나 등골이 오싹해지기도 한다. 이렇게 몸의 상태가 달라지는 것은 내가 느끼는 감정이 달라지기 때문이다.

느낌은 "어떤 자극을 접했을 때 우리 몸에서 일어나는 반응과 감각을 인식하는 것"을 말한다. 자극에 대해 어떤 욕구가 충족되거나 충족되지 않음에 따라 느낌은 달라진다. 욕구가 충족되면 기분이 좋아지고 행복한 느낌이 든다. 반대로 욕구가 충족되지 않으면 기분이 나빠지고 불행한 느낌이 든다.

욕구가 충족되었을 때 (긍정적인 느낌)	욕구가 충족되지 않았을 때 (부정적인 느낌)
기쁜, 뿌듯한, 다행스러운, 편안한, 만족한, 느긋한, 상쾌한, 가슴 뭉클한, 감동받은, 고마운, 깜짝 놀란, 다정한, 신기한, 자신 있는, 열심인, 재미있는, 집중하는, 활기찬, 흥미로운	슬픈, 두려운, 불안한, 짜증스러운, 창피한, 괴로운, 힘든, 피곤한, 걱정스러운, 속상한, 황당한, 재미없는, 위축된, 의기소침한, 시무룩한, 실망한, 안타까운, 지루한, 미운

느낌은 우리의 욕구가 충족되었는지 그렇지 않았는지를 알려
주는 메신저다. 욕구가 충족되면 행복하고 기분이 좋아진다. 반면
에 욕구가 충족되지 않으면 힘들고, 괴롭고, 짜증스럽다. 그래서
내 안에서 올라오는 느낌을 주의 깊게 들여다보면 나에게 무엇이
필요한지를 자각할 수 있다. 자동차 계기판에 불이 들어오면 배터
리, 속도, 엔진상태, 휘발유 등을 확인해야 한다. 계기판에 들어온
불은 자동차의 상태를 점검하라는 신호다.

우리의 느낌은 이 계기판 같은 기능을 한다. 긍정적이든 부정
적이든 어떤 느낌이 들면 그 느낌이 무엇을 말하는지를 들여다보
아야 한다. 느낌은 내가 원하는 것, 가치 있게 생각하는 것이 무엇
인지를 알려주는 신호등이다. 내 안의 느낌을 무시하고 잊어버리
려고 감정을 누르면 자동차 계기판의 불을 끄는 것과 같다.

자동차 계기판의 불은 꺼졌지만 자동차는 망가지거나 멈춰 설
수밖에 없다. 우리 자신도 고장 난 자동차처럼 삶의 활력을 잃어버

리거나 의욕을 상실하게 된다. 부정적 느낌 속의 욕구를 알아차리고 배려나 지원이 필요하다고 생각되면 자신이나 타인에게 불만이나 분노를 터뜨리는 대신 에너지를 상호 배려하고 지원하는 쪽으로 써야 한다.

분노, 죄책감, 우울, 수치심 같은 감정은 가장 중요한 느낌이다. 이 느낌 속에 들어 있는 나의 욕구를 들여다보아야 한다. 분노는 집에 불이 났을 때 '윙윙' 하고 경보가 요란스럽게 울려대는 것과 같은 상황이다. 경보등을 꺼버린다면 집은 화염에 휩싸여 불타버리고 말 것이다. 분노를 느낄 때 그것을 회피하거나 마음속에 묻어두어서는 안 된다. 분노가 알려주는 나의 바람을 들여다보고 분노를 잘 다스려야 삶을 파괴하지 않을 수 있다. 느낌을 표현하는 방법은 다음과 같다.

자신의 상태를 묘사한다

비유적인 표현이나 몸의 느낌을 표현하는 것도 좋다. 몸의 느낌을 표현하면 훨씬 더 생생하게 감정을 전달할 수 있다.

"마음이 무거워."

"기분이 날아갈 것 같아."

"가슴이 벅차."

"눈물이 핑 돌아."

아이가 거짓말을 했을 때 → "엄마는 실망했어."

아침에 늦게 일어났을 때 → "네가 지각할까봐 걱정 돼."

밥을 안 먹겠다고 할 때 → "네가 배고플까봐 신경 쓰여."

자신에게서 비롯되는 것으로 묘사한다

내 감정은 오로지 나에게서 비롯되는 것이지 아이가 나를 기분 나쁘게 만드는 것은 아니다. 그러므로 아이가 "~하게 만든다", "~를 느끼게 한다"라고 묘사하는 것은 자신의 느낌을 표현하는 것이 아니라 아이를 비난하는 것이다. 감정은 자신의 욕구에서 비롯되므로 자신에게서 비롯되는 것으로 묘사해야 한다.

나의 감정은 아이 때문에 생기는 것이 아니라, 나의 바람이나 필요 때문에 생기는 것이므로 아이가 원인이 아니다. 아래와 같이 바꾸어서 내 감정을 표현하자.

"네가 엄마를 화나게 해." → "엄마는 화가 나."

"너 때문에 엄마가 속상해." → "엄마는 속상해."

"너는 엄마를 약 올려." → "엄마 기분이 언짢아."

"너는 아빠를 피곤하게 만들어." → "아빠가 피곤해."

욕구,
필요를 말한다

    사람들은 가치 있고 중요하다고 생각하는 욕구가 채워지지 않으면 그것을 표현한다. 어떤 감정과 판단이 들 때 어떤 자극이 나의 욕구에 잘 부합되면 기분이 좋고 긍정적인 평가를 하게 된다. 반면에 그 자극이 나의 가치나 욕구와 조화가 안 되면 좌절과 불쾌함, 고통 같은 부정적인 판단과 평가를 하게 된다.

    한 엄마가 외출했다가 돌아오니 아이들이 집안을 어질러놓아서 기분이 몹시 상했다고 한다. 엄마는 감정이 폭발해서 아이들을 혼내고는 "너희 때문에 엄마가 일찍 죽을지도 모르겠다"는 심한 말까지 쏟아붓고 말았다. 마음이 진정되고 나니 아이들에게 미안하기도 하고 욕설을 퍼부은 것에 죄책감마저 들었다.

어떻게 말해야 아이들에게 상처를 주지 않으면서도 엄마 마음을 잘 전달할 수 있을까? 어질러진 집 안을 보며 엄마 기분이 상했다면 아이를 혼내기 전에 엄마 자신의 욕구가 무엇인지를 자각해야 한다. 자신의 욕구를 알고 나면 엄마가 필요한 것이 무엇인지를 아이들이 알아들을 수 있도록 말할 수 있다.

"엄마가 이 방을 보니까 너무 어지러워. 엄마는 지금 지쳐서 정리된 방에서 좀 쉬고 싶거든."

이렇게 말하면 아이들은 엄마의 마음을 잘 이해하게 된다. 엄마는 밖에서 볼일을 보고 오느라 지치고 피곤했다. 그래서 집에 돌아와 편히 쉬고 싶었는데 어질러진 방을 보니 그 욕구가 좌절된 것이다. 아이를 혼내기만 하면 아이들은 엄마가 무엇을 원하는지를 알지 못한다. 야단맞은 기억만 남을 뿐이며 엄마와의 관계도 어긋난다.

부모가 자신의 욕구를 말해주면 아이와 서로 이해하고 협조하며 도울 수 있다. 아이들도 부모와 마찬가지로 인정과 사랑을 받으며 따뜻한 관계 속에서 행복하게 살고 싶어 한다. 욕구차원에서는 부모와 아이가 똑같다. 부모가 휴식이 필요하면 아이도 똑같은 욕구가 있다.

느낌은 우리 안에 욕구가 충족되었는지 그렇지 않았는지를 알려주는 신호등이다. 느낌은 외부에서 오는 것이 아니라 내 자신, 즉 내 안에서 나온다. 내가 힘들고 좌절감을 느낄 때 원인을 외부에 두어서는 안 된다. 마음의 에너지를 외부에 두면 자신의 삶에 도움이 못 되고 남을 비난하거나 탓하는 것으로 에너지를 써버리게 된다. 자신의 느낌에 책임을 지지 않고 아이에게 돌리면 아이에 대한 폭력을 정당화하게 된다. "너 때문이야", "너는 벌을 받아 마땅해"라고 자신의 책임을 아이에게 떠넘기게 된다.

삶에서 원하는 것을 못 얻고 있다면 자신의 욕구를 잘 모르기 때문이다. 인간관계에서 원하는 것을 못 얻는 이유는 부탁 대신 강요하고 명령하기 때문이다. 아이와 소통을 잘하려면 내가 원하는 것을 아이가 즐거운 마음으로 하도록 부모의 긍정적인 욕구를 표현해야 한다.

구체적으로 요청하고
부탁하라

아이와 대화할 때 모호한 표현이나 일반적이고 추상적인 말을 최소한으로 줄이고 실제적이고 사실적인 내용을 중심으로 이야기한다. 대화를 깊이 있게 이끌어가기 위해서는 아이에게 구체적인 행동을 부탁하는 것이 반드시 필요하다. 아이가 외출해서 시간에 맞춰 집에 돌아오지 않는다면 부모의 걱정을 덜 수 있도록 아이에게 구체적인 부탁을 해야 한다.

"집에 돌아오는 시간을 알려줘. 만약 그 시간에 맞춰 못 들어오면 꼭 전화를 해주겠니?"라고 구체적인 부탁을 해야 아이는 부모가 원하는 것을 알 수 있다.

"너 또 늦기만 해봐, 외출 금지야."

"늦으면 집에 못 들어올 줄 알아."

이런 위협적인 말은 아이가 집에 일찍 못 들어오는 돌발 상황이 생겼을 때 적절하게 대처하지 못하고 상황을 회피하게 만들어버린다. 실지로 중학교 3학년 남자아이는 친구와 놀다가 늦어졌는데 집에 늦게 들어가면 부모에게 혼날 것이 두려워 아예 외박을 해버렸다. 부모는 밤새 걱정하느라 뜬눈으로 밤을 새웠다.

부모가 아이의 문제 행동에 무조건 비난 투의 말만 하면 아이는 무엇을 고쳐야 할지 알아듣지 못하고 자신을 문제 있는 사람이라고 낙인을 찍는다. 그런 부정적인 낙인은 아이가 성장하는 데 부정적인 영향을 미친다. 또 부모와의 관계도 단절된다. 아이는 물리적인 힘이 없기 때문에 부모의 권위에 복종한다. 부모가 중요하게 생각하는 가치를 아이에게 인식시키고 구체적으로 부탁해 아이 스스로 행동을 통제하도록 해줄 때 아이에게 힘이 생기고 나서도 부모와의 갈등을 줄일 수 있다.

첫째, 부탁은 권유나 질문형태로 명확하고 구체적으로 한다.

"네 방은 네가 알아서 치워." → "네 책상을 정리해주겠니?"
"일찍 자." → "밤 10시에 잠자리에 들자."
"공부 열심히 해." → "수학 문제집 2장 풀자."
"엄마 좀 도와줘." → "식탁 위에 숟가락을 놓아주겠니?"

둘째, 부정문으로 원하지 않는 것을 말하지 말고 '원하는 것'을 긍정문으로 말한다.

"늦지 마." → "저녁 6시까지 들어오겠니?"
"동생이랑 싸우지 마." → "동생과 사이 좋게 놀자."
"지각하지 마." → "학교에 시간 맞춰 가자."
"집에서 뛰지 마." → "집에서는 조용히 놀자."
"밥 남기지 마." → "다 먹자."

아이에게 부탁할 때는 마음을 열고 소통할 수 있는 분위기를 만들어야 한다. 목소리의 톤, 말하는 방식, 사용하는 어휘를 부드럽고 우호적으로 하여 아이와 해법을 만들어가도록 분위기를 조성한다. 단순하게 예, 아니요의 대답만으로 요청되는 것이 아니라 요청하는 과정에서 소통이 되어야 하며, 아이가 기꺼이 자발성을 갖는지 확인해야 한다.

"엄마 말 들으니까 기분이 어때?" "네 생각은 어때?"라고 아이의 느낌을 확인해주면 아이가 부모의 요청을 자발적으로 잘 수용하는지를 알 수 있다.

부모가 아이와 대화할 때 한꺼번에 너무 많은 변화를 요구하거나 단시일 내에 행동을 바꾸도록 요구하지 않아야 한다. 또 화풀이, 폭력, 폭언을 자제해야 한다. 화가 나거나 기분이 좋지 않을 때는 대화하지 말고 마음이 편안할 때를 택한다. 화가 날 때는 즉각적으로 감정을 쏟아놓지 않고 화가 난 상황을 잠시 피하거나, 심호흡을 하며 화난 감정을 들여다본다. 자신이 화가 난 이유를 생각해보고, 그것이 100퍼센트 타당한지를 확인하며 나의 어떤 욕구가 충족되지 않았는지 자신과 먼저 대화를 나눈다. 그런 후 화를 가라앉히고 나서 아이와 대화를 나누어야 한다.

실제 상황에서
대화로
실습해보자

들을 때

1단계: 관찰로 듣는다

아이의 말을 들을 때 나의 판단을 내려놓고 사실 그대로 듣는다.

2단계: 느낌을 공감한다

옳고 그름의 당위에서 벗어나 아이의 느낌을 함께한다.

3단계: 아이의 욕구를 읽어준다

아이가 필요로 하거나 원하는 것을 찾아서 말로 표현해준다.

4단계: 아이가 해결책을 찾도록 질문한다

아이가 지금 할 수 있는 구체적인 행동을 찾도록 도와준다.

1단계: 관찰로 말한다

아이의 행동이나 상황을 판단하거나 비판하지 말고 있는 그대로의 사실(상황)을 말한다.

2단계: 느낌을 말한다

나에게서 비롯된 1차 감정을 말한다.

3단계: 욕구를 말한다

내가 필요하거나 원하는 것을 말한다.

4단계: 부탁을 말한다

아이가 지금 할 수 있는 구체적인 행동을 부탁(요청)한다.

위에서 정리한 방법에 맞춰 구체적인 상황에서 아이와 대화를 실습해보자.

사례 1. 아이가 집에 늦게 돌아왔을 때

초등학교 5학년 다솔이가 어느 날 학교에서 5시가 되어도 돌아오지 않자 엄마는 걱정이 되었다. 전화도 되지 않아서 답답했는데, 6시가 되어서야 돌아왔다. 엄마는 아이를 비난하지 않으면서 엄마의 마음을 전하는 대화를 나누었다.

엄마: 지금이 6시야. 이제 돌아왔구나. (관찰)

다솔: 엄마, 내가 늦었죠.

엄마: 너랑 연락이 안 돼서 걱정했어. (느낌)

다솔: 친구들이랑 아이스크림 먹으러 갔거든요. 전화하는 걸 깜빡 잊었어요.

엄마: 엄마는 네가 집에 안전하게 돌아와야 안심이 돼. (욕구) 그러니까 학교 끝나고 친구랑 놀게 되면 먼저 전화를 해 줘. (부탁) 네가 어디에 있는지를 알아야 엄마가 안심이 되거든. (욕구)

다솔: 알았어요.

엄마: 집에 돌아오는 시간을 정했으면 좋겠다. 집에 몇 시까지 돌아오겠니?

다솔: 늦어도 5시 30분까지는 들어올게요.

엄마: 좋아.

아이에게 화내지 않고 엄마의 바람과 구체적인 요청을 하니 아이가 엄마의 생각을 잘 이해해서 집에 돌아오는 문제를 갈등 없이 잘 해결할 수 있었다.

사례 2. 아이가 다쳐서 학원을 가지 않으려고 할 때

중학교 1학년 명현이는 학교에서 농구를 하다가 발가락을 다쳤다. 병원에 가서 진단을 받은 결과 발가락에 금이 가서 깁스를 하게 되었다. 명현이는 걷기가 불편해서 3일째 학원에 가지 않았다. 명현이는 오늘도 학원에 가고 싶지 않았다.

명현: 엄마, 오늘 학원 안 가면 안 될까요?

엄마: 시끄러워. 3일이나 학원에 못 갔는데 또 안 가면 되겠어?

명현: 걷는 게 불편해서……

엄마: 걷는 거랑 공부하는 거랑 무슨 상관이 있어? 엄마가 차로 데려다줄 거야. 딴생각 말고 학원 가.

만일 엄마가 이렇게 대화해서 힘으로 명현이를 끌고 가면, 학원에 가기는 하겠지만 과연 집중해서 공부를 열심히 할지는 의문이다. 스스로 공부하려는 의지 없이 학원에 가 있기만 하면 저절로 공부가 되는 것은 아니다. 엄마의 막연한 불안 때문에 아이에게 학원에 가라고 요구하기보다는 아이가 공부의 필요성을 깨닫도록 대화를 나누어야 한다. 다시 대화를 해보자.

명현: 엄마, 오늘 학원 안 가면 안 될까요?

엄마: 학원 가기가 싫은가 보다. (아이의 감정에 공감하기)

명현: 걷는 게 불편해서 그래요.

엄마: 그래, 몸이 불편하면 공부도 하기 싫어지지. (아이의 감정에 공감하기) 너무 오래 안 가면 공부가 더 힘들어질 수 있으니까 오

늘부터는 갔으면 좋겠구나. 엄마가 학원에 차로 데려다 줄 수 있는데 너는 어떠니? (요청)

명현: 그러면 되기는 하는데…… 사실 숙제도 못 했고 오늘 시험을 보는데 남아서 더 하게 될까봐 걱정되거든요. (아이 자신의 감정 표현)

엄마: 몸이 불편한데 늦게까지 남아서 밀린 공부를 하게 될까봐 부담스럽구나. (아이의 감정에 공감하기) 학원 마치고 곧바로 집에 와서 쉬고 싶은 거지. (아이의 욕구 읽어주기)

명현: 네. 집에서 공부하면 좋겠어요.

엄마: 그럼, 선생님께 사정을 얘기하고 밀린 공부를 집에서 한 다음 선생님 확인을 받으면 어떻겠니? (요청)

명현: 좋아요. 근데 엄마가 전화로 선생님께 얘기해주면 좋겠어요. (아이의 요청)

엄마: 그렇게 하자.

명현: 제 발이 다 나을 때까지는 엄마가 데려다주시면 좋겠는데요. (아이의 요청)

엄마: 그러자. 엄마가 도와줄게.

엄마가 아이의 감정을 잘 읽어주니 아이는 자신의 속마음을 솔직하게 말할 수 있게 되었다. 학원에 가지 않으려는 이유가 발이 불편한 것보다는 남아서 공부를 더 하게 되는 것이 부담스러웠기 때문이었다. 이처럼 엄마가 아이의 감정을 비판 없이 그대로 수용해주면 아이는 자신의 속마음을 터놓을 수 있게 된다.

엄마가 아이의 감정에 담긴 욕구를 읽어주고, 구체적인 부탁을 해주니까 아이도 엄마에게 자신이 바라는 것을 요청할 수 있게 되고 당면한 문제도 해결할 수 있었다. 자신의 마음도 충분히 표현하고 엄마의 도움도 받을 수 있게 되었으니 아이는 마음의 부담 없이 공부에 집중할 수 있게 될 것이다.

사례 3. 어버이날 선물을 받지 못했을 때

초등학교 6학년인 아들 상호에게서 어버이날 카네이션을 한 송이도 받지 못한 엄마는 몹시 속이 상했다. 요즘 자신에게 말을 잘 하지 않는 아들이기에 섭섭함은 더욱 컸다. 상호는 밤이 늦어서야 들어왔다.

엄마: 넌 오늘이 무슨 날인지도 몰랐니?

상호: 죄송해요.

엄마: 내가 널 자식이라고 키운 게 억울하다.

상호: 실은, 카네이션 두 송이를 백화점에서 샀는데, 도서관에 두고 친
구랑 얘기하다 늦게 들어가니 이미 도서관 문이 닫혔더라고요.
그래서 엄마 볼 낯도 없고 해서 늦게 온 거예요.

엄마: 변명하는 거 하고는……

상호: 백화점에 가서 비싸게 샀는데……

엄마: 백화점에서 꽃을 비싸게 샀다고? 넌 돈도 많구나.

상호: 제발 돈, 돈 좀 그만하세요!

이렇게 대화가 끝나면 엄마와 아들은 서로 이해받지 못한다는 좌절감과 단절감을 느낀다. 앞으로 모자간에 대화하기는 더욱 어려워질 것이고 마음을 나누는 속깊은 대화는 더욱 힘들어질 것이다. 엄마가 아들을 비난하지 않으면서도 자신의 마음을 잘 전달하는 대화를 다시 해보자.

엄마: 오늘이 어버이날이었어. (관찰/사실)

상호: 네, 알고 있었어요.

엄마: 엄마는 아들한테 카네이션 받고 싶었거든. (욕구)

상호: 섭섭하셨죠. 죄송해요. 도서관에 꽃을 두고 친구랑 얘기하다가 늦게 가보니까 도서관 문이 닫혔더라고요. 집에 들어오기가 민망해서 늦었어요.

엄마: 도서관 문이 닫혀서 난감했겠다. (아이의 감정 읽기) 엄마 아빠한테 꽃을 달아주고 싶었을텐데…… (아이의 욕구 읽기)

상호: 백화점에서 비싸게 주고 산 꽃인데……

엄마: 부모한테 좋은 꽃을 선물하고 싶었구나. 그래서 무리해서 돈을 썼네. (아이의 욕구 읽기)

상호: 아깝지만 어쩌겠어요. 내년에는 꼭 좋은 선물 해드릴게요.

엄마: 네가 부모 생각을 해주니 고맙다. (감사의 표현)

엄마와 아들 모두 서로 사랑하기를 원한다. 서로의 마음을 공감해주는 대화는 사랑을 나누는 대화다. 자칫 비난이나 공격하는 말투로 자신의 섭섭한 마음을 표현하면 마음에 상처를 내는 대화가 되어버린다. 부모의 감정을 솔직하게 표현하고 자신이 바라는 것을 얘기하면 아이도 마음을 열고 부모를 이해하게 된다.

셀프리더십의
힘을 기른다

3

아이들은 매일 매일 발전하고 향상된다는 것을 믿는다면
빨리 하라고 다그치기 이전에
온전하고 충분하게 배워나갈 수 있도록 기다려 주어야 한다.
대나무는 씨앗을 심고 5년이 지나도 줄기가 자라지 않는다고 한다.
5년이 지나면 한 달에 20센티 이상씩 쑥쑥 뻗어 오른다.
땅 속에 있는 5년간 땅 깊숙이 내린 뿌리가 튼실하기 때문에
더 많은 수액과 양분을 빨아 올려 높이 자랄 수 있는 것이다.
아이에게 공부저력을 심어 주려면
공부의 뿌리가 튼튼해지도록 천천히 배우게 해야 한다.
뿌리가 내리기 전에 줄기를 뽑아 올리면 뿌리는 뽑혀 버리고 말 것이다.

내 아이 안에
답이 있다

아이가 아침에 학교 갈 준비를 하고 있다. 밥을 먹고 나더니 엄마에게 묻는다.

"엄마, 나 이제 뭐해?"

아이의 물음에 엄마는 어떻게 답해주는가? 혹시 오늘 입을 옷을 정해주며, "옷 입어." 라고 말하지는 않는가? 부모가 아이에게 답을 제시해주면 시간도 절약되고 편하다.

그런데 아이에게 모든 것에 대해 일일이 답을 제시해주는 부모는 아이 스스로 생각하도록 도와주지 못한다. 자신이 노력하여 답을 찾기보다는 부모에게 의존하게 만드는 것이다. 부모는 아이에게 늘 옳은 답을 주어야 한다는 부담이 커질 수밖에 없어서 아이가 커나갈수록 부모역할이 힘들게 느껴진다.

초등학교 6학년 남자아이가 아침에 엄마 앞에 멀뚱히 서 있어서 왜 그러느냐고 물었더니 "무슨 옷을 입을까요?"라고 묻더란다. 엄마는 6학년이나 되는 아이가 자기가 뭘 입을지를 묻는 모습이 한심해서 아이를 혼냈다고 한다. 아이를 혼내면 아이의 자립심이 키워질까? 아이는 오히려 무력감을 더 크게 느낄지도 모른다. 아이가 의존적이라면 그 책임이 혹시 부모에게 있지 않은지 점검해 보아야 한다.

어떤 아이는 매번 "엄마, 나 지금 뭐해?"라고 물으며 엄마의 허락과 동의를 구한다. 엄마의 지시가 있어야만 자신이 무엇을 해야 할지를 알게 되는 것이다. 초등학교 5학년인 아이에게 "너 영어학원에 다녀보겠니?"라고 물었더니 "몰라, 엄마가 정해줘요"라고 말하더라는 것이다. 중학생이 되었는데도 한 끼 식사를 스스로 해결할 수 없는 아이도 있다. 엄마가 차려주어야만 하는 것이다.

중학교 1학년이 된 윤수는 학교에서 수행과제를 스스로 해결하지 못해서 힘들어했다. 초등학교까지 부모가 아이의 학교 공부를 어떻게 지도해왔는지 알아보니 윤수 엄마는 외동딸인 아이가 사랑스러워서 학교 과제를 모두 해주었다고 한다. 아이의 숙제는 엄마 몫이었다. 아이가 힘들까봐 엄마가 숙제를 도맡아서 해결해주었고 아이가 선생님께 칭찬을 받았다는 말을 들으면 흐뭇해하기까지 했다.

그러나 아이가 중학교에 가고 나니 과제가 어려워져서 엄마의 능력으로는 해결해주기가 어려웠다. 아이에게 스스로 해보라고 했지만 아이는 해보려고 하지 않을뿐더러 자신감도 떨어졌다고 한다. 아이가 선생님께 칭찬을 받고 학교생활을 잘 하도록 도와주려고 모든 숙제를 해주었던 것이 결국은 아이의 문제해결 능력을 키워주지 못했고, 할 수 있다는 자신감마저 떨어뜨리는 결과를 가져왔다.

자신감은 스스로 성공한 경험이 있어야만 만들어진다. 부모가 "자신감을 가져"라고 아무리 말해주어도 자신이 성취감을 느끼고 '해냈다' 라는 성공 경험을 몸으로 체득해야만 자신감이 생겨난다. 그렇다면 아이가 부족하고 실수투성이일지라도 자기 스스로 해보고 실수하면서 배워서 작은 성취 경험을 쌓아갈 수 있도록 해주어야 한다.

21세기는 '셀프리더십' 의 시대라고 말한다. 20세기는 한 사람의 리더를 전체 구성원이 따라가는 '조정경기 시대' 였다. 조정경기는 리더 한 사람이 이끄는 대로 구성원이 일사불란하게 한 방향으로 노를 저어가야 이길 수 있다. 그래서 리더 한 사람의 역량이 조직원 전체를 움직였다. 구성원은 리더 한 사람을 잘 따르면 되었다. 그만큼 리더의 역할이 중요했다. 리더가 "나를 따르라" 하면 리더를 잘 따르는 사람이 훌륭한 구성원이었다.

그러나 21세기는 사회 변화의 흐름이 너무나 빠르고 급격해서

한 사람만이 리더가 아니라 구성원 각자가 자신의 위치에서 리더십을 발휘해야 하는 '급류타기 시대'라고 말한다. 자신의 위치에서 스스로 리더가 되고 주도성과 책임감을 발휘해야 하는 셀프리더십이 필요한 시대다.

그래서 미래에는 '지식저장형' 인재가 아니라 '문제해결형' 인재가 필요하다. 지식을 많이 알고 있는 사람이 중요한 것이 아니라 현장에서 부딪치는 문제를 주도적이고 창의적으로 해결할 수 있는 적극적인 사람이 필요한 시대다. 따라서 부모는 가정에서 아이가 미래 인재로서의 역량을 키워가도록 도와주어야 한다.

가르치지 말고 코치가 되자

아이에게 문제해결력과 창의성을 키워주려면 부모는 모범답안을 주지 말고 스스로 생각해서 답을 찾도록 질문을 해야 한다. 아이가 성장함에 따라 부모의 양육태도도 바뀌어야 하는 것이다.

아이가 유아기 때는 규칙과 자기조절력을 배워야 하는 시기이므로 아이의 행동규칙에 일관성을 가지고 구체적으로 지시해야 한다. 그러나 아이가 학교에 입학하여 학년이 올라가면 부모의 지시를 줄이는 대신 아이에게 적절한 질문을 해서 스스로 해답을 찾도록 도와주어야 한다.

부모가 아이를 일일이 가르치려고 하면 아이 양육이 부담스럽게 느껴진다. 부모도 모든 것을 다 알지는 못하기 때문이다. 그러므로 부모는 이제 가르치는(Teaching) 자세에서 이끌어주는(Coaching) 자세로 바뀌어야 한다. 부모가 모든 것을 다 알고 가르쳐줄 수는 없지만 살아온 경험과 경륜을 바탕으로 아이의 멘토가 되어 방향을 제대로 잡도록 도와주고 지지해주어야 한다.

부모는 아이를 관리하고 감독하는 사람이 아니다. 부모가 아이를 일일이 통제하고 지시하지 않으려면 아이에게 자신의 문제에 대한 답을 스스로 찾을 수 있다는 믿음이 있어야 한다. 그 믿음을 바탕으로 아이에게 질문을 해주면 아이는 자신 안에 있는 답을 끄집어낼 수 있다.

아이를 코치하는 질문법 1 : 긍정 질문을 한다

아이가 숙제를 못했을 때 "너 왜 숙제 안 했어?"라는 비난 투의 부정적인 질문을 하면 아이는 숙제를 못한 핑곗거리를 찾거나 자신의 행동에 방어적인 태도를 취한다. 부정적인 질문보다는 긍정적인 질문으로 바꾸면 아이의 정서가 긍정적인 방향으로 바뀌어간다.

> "왜 숙제 안 했어?" → "어떻게 하면 숙제를 잘할 수 있을까?"
> "뭐가 불만이야?" → "어떻게 하면 기분이 좋아질까?"
> "왜 약속 잊어버렸어?" → "어떻게 하면 약속을 잊지 않을까?"
> "왜 말썽을 부리니?" → "어떻게 하면 사이 좋게 지낼까?"

아이를 코치하는 질문법 2 : 열린 질문을 한다

아이의 성적이 떨어졌을 때 "공부 열심히 할 거야, 안 할 거야?"라고 물으면 아이는 "예", "아니요" 중 하나를 대답해야 한다. 이런 질문은 닫힌 질문이다. 닫힌 질문은 아이가 자신의 문제를 생각하고 해결방법을 찾도록 도와주지 못한다. 예, 아니요/옳은 것, 그른 것이라는 생각은 이분법적인 흑백논리다. 닫힌 질문은 아이를 폐쇄적인 생각 속에 가두어버린다. 문제해결을 위한 다양한 방법을 찾기 위해서는 닫힌 질문이 아닌 열린 질문을 해야 한다.

"공부 할 거야, 안 할 거야?" → "공부를 어떻게 하면 재미있을까?"

"영어 잘하니 못하니?" → "네가 좋아하는 과목이 뭐니?"

"엄마 좋아, 싫어?" → "어떨 때 엄마가 좋아?"

"동생 예뻐, 안 예뻐?" → "어떨 때 동생이 예쁘니?"

아이를 코치하는 질문법 3 : 미래 질문을 한다

아이에게 이미 지나가버린 일을 묻기보다는 미래에 어떻게 할지를 묻는다. 아이의 실수에 대해 지난 일을 따지듯 물으면 아이는 부모의 추궁을 피하려고 한다. 지나간 일에 대한 반성도 중요하지만 반성하면서 앞으로 어떻게 할지를 생각하고 계획을 수립하도록 도와주는 것이 더 중요하다. 미래 질문을 던져 아이의 가능성을 끌어내도록 해주자.

"공부를 왜 안 했어?" → "앞으로 공부를 어떻게 하고 싶니?"

"왜 방을 안 치웠어?" → "방 정리를 어떻게 하고 싶니?"

"하루 종일 TV만 봤니?" → "TV를 어느 정도 보고 싶니?"

갈등을 해결하는 코칭법

아무리 사이가 좋은 사람도 갈등은 있게 마련이다. 친밀한 가족도 부모와 아이 또는 형제간의 갈등을 피할 수는 없다. 일상은 갈등의 연속이고 갈등 해결을 잘하는 가족이 행복한 가족이다.

갈등을 부모의 독단으로 해결해버리거나 아이들에게만 맡기지 말고, 가족 누구도 불만이 없도록 합리적으로 해결해나가는 과정에서 아이들은 문제해결력과 리더십, 창의력을 기를 수 있다.

예를 들어 두 아이가 TV 보는 문제로 싸우고 있다. 큰아이는 축구경기를 보고 싶어 하고 작은아이는 만화를 보고 싶어 한다.

위의 갈등 상황에서 부모는 어떻게 하는가? 혹시 부모의 힘으로 형이든 동생이든 한 사람을 양보시키거나, 싸운 벌로 둘 다 TV를 못 보게 하는 강경한 방법을 사용하지는 않는가?

이런 방법은 싸움을 즉각 해결할 수는 있지만 형, 동생 모두 만족하지 못하고 서로에 대해, 부모에 대해 불만을 갖게 된다. 또 아이들에게도 적극적이고 창의적으로 문제를 해결할 수 있는 능력을 키워주지 못한다. 아이들과 흔히 겪는 이 상황을 어떻게 해결하면 좋을까?

갈등 해결의 원칙은 모두가 만족하는 '승승의 방식' 이어야 한다

갈등의 해결 원칙은 어느 누구도 불만 없이 만족할 수 있는 승승의 방식이어야 한다. 갈등이 해결되어 조용해지더라도 아이들 각자 마음속에 불만이 있다면 갈등은 잘 해결되지 않은 것이다. 같은 상황이 되면 아이들은 또 싸우게 되고 서로 힘으로 밀어붙이려 하거나 부모에게 반항하는 태도를 보이게 된다.

아이들 누구도 불만이 없도록 하려면 아이들이 다투는상황을 객관적으로 읽어주고 아이들이 갈등 해결 방법을 스스로 찾도록 질문을 해주어야 한다.

> 엄마: TV는 한 대인데 서로 다른 프로그램을 보고 싶어하니 문제가 생겼구나. 너희가 다투는 것을 보니까 엄마가 불편한데 어떻게 하면 둘 다 보고 싶은 걸 볼 수 있을까? 방법을 찾아보자.

두 아이 모두 양보하지 않으려고 하면 엄마가 이렇게 제안할 수 있다.

> 엄마: 저녁 메뉴는 양보한 사람이 먹고 싶어 하는 걸로 할거야. 또 컴퓨터로 다시 보기를 하거나 녹화했다가 나중에 볼 수도 있을 것 같은데, 너희 생각은 어떠니?
> 큰아이: 엄마, 그럼 내가 친구네 집에 가서 보고 오면 안 될까요? 내 친구랑 같이 축구 보면 재미있을 것 같아요.
> 엄마: 그런 방법이 있구나. 네 친구네 집에 가도 되는지 전화해보자.

친구네 집에 전화해봐서 사정이 허락되면 친구와 같이 TV를 볼 수 있게 해준다. 만약 사정이 안 된다면 다시 대화를 한다.

엄마: 친구가 오늘 할머니 댁에 갔다는구나. 어떻게 할까?

큰아이: 그럼 제가 컴퓨터로 볼게요. 실시간으로 볼 수 있으니까 괜찮아요.

엄마: 네가 양보를 해줘서 엄마 마음이 편해졌어. 고마워. 저녁은 형이 원하는 걸로 해줄게.

작은아이: 내가 나중에 볼 거야. 비디오로 녹화해서 보면 돼.

엄마: 그래? 네가 형에게 양보할 거야?

작은아이: 그 대신 저녁은 내가 먹고 싶은 걸로 해주세요.

엄마: 형은 어때? 동생이 양보하고 싶어하는데……

큰아이: 저는 괜찮아요. 컴퓨터는 화면이 작아서 답답한데 TV로 보면 좋죠.

작은아이: 나도 형이랑 축구 볼 거야.

엄마: 그럼 만화는 녹화했다가 나중에 보자. 둘 다 불만 없는 거지? 너희들이 싸우지 않고 잘 해결하니 엄마 마음이 편해. 엄마 걱정을 덜어줘서 고마워. 저녁 맛있게 해줄게.

엄마가 아이들 갈등을 강압적으로 해결하지 않고 질문을 던져서 스스로 생각하도록 도와주니 아이들은 싸움을 끝내고 형과 동생 누구도 손해 보거나 불만 없이 갈등을 해결할 수 있게 되었다.

아이들이 다툴 때 가위바위보를 해서 이긴 사람 편을 들어주거나, 둘 다 못하게 하거나, TV를 한 대 더 사거나 하는 방법은 좋지 않다. 아이들의 노력과 의지가 들어가지 않은 이런 해결책은 아이들에게 문제를 회피하게 만들고 수동적인 태도를 심어준다.

생활 속에서 부딪치는 크고 작은 갈등을 즉각 해결하기 위해 부모의 힘을 사용하면 아이들은 위축되고 소극적인 성격이 되며 부모에 대한 불만을 쌓는다. 또 부모가 그때그때 다른 기준을 적용해서 갈등을 중재하면 아이들은 원칙 없는 기준에 혼란을 겪는다. 기준이 모호하면 다른 상황에서도 합리적으로 문제를 해결하지 못한다.

갈등을 피할 수 없다면 갈등을 적극적으로 해결하도록 아이들에게 힘을 실어주어야 한다. 부모가 효과적으로 질문해서 아이들이 창의적인 대안을 생각해내고, 적극적으로 문제를 해결하도록 도와주며, 승승의 원칙으로 모두 만족할 수 있는 결론을 찾도록 이끌어준다면 아이는 주도적이고 창의적으로 셀프리더십을 키워나가게 된다.

의도하지 않은 실수를
비난하지 마라

초등학교 1학년 연우가 어느 날 엄마가 좋아하는 커피를 엄마가 가장 아끼는 비싼 커피 잔에 직접 타서 엄마에게 가져오다가 잘못해서 넘어졌다. 커피 잔은 방바닥에 떨어져 깨져버렸고 쏟아진 커피는 방바닥에 흥건했다. 엄마를 기분 좋게 해주려던 연우는 자신의 실수에 당황하고 놀랐다. 아이는 무릎을 다쳐 아팠지만 엄마 눈치를 보며 일어나지 못했다.

이런 상황에서 엄마는 어떻게 반응하는가? 아끼는 비싼 커피 잔이 깨진 것이 못내 속상한 엄마라면,

"넌 왜 시키지도 않는 일을 하고 그래? 엄마가 언제 커피 타달라고 했니? 네 할 일이나 잘하지 왜 나서서 사고를 치니? 비싼 커

피 잔은 어떡할 거야?"하며 아이에게 핀잔과 비난을 퍼부을 것이다. 아이가 다쳤는지, 놀랐는지는 관심도 없고 오로지 깨진 커피 잔에만 관심이 가 있다면 아이는 엄마를 보며 무슨 생각을 할까? 아이는 아마도 이렇게 생각할 것이다.

'엄마는 내 마음을 몰라줘. 엄마는 나보다 커피 잔이 더 소중하구나. 그러니까 엄마가 아끼는 물건에는 절대 손대지 말아야지. 그리고 엄마가 시키는 일만 할 거야. 안 그러면 엄마가 나를 사랑하지 않을거야.'

아이가 어떤 실수를 했을 때 엄마의 반응이 위의 경우와 같이 반복된다면 아이는 스스로 뭔가를 해보려는 의욕이 점점 줄어들게 되어 위축되고 소극적인 성격이 될 것이다. 문제를 일으키지 않는 것이 최고라고 여기고 자신의 역량을 발휘하지 않으려 할 것이다.

아이가 자신감이 없고 수동적인 사람이 되기를 바라는 부모는 없을 것이다. 그렇다면 아이들이 크고 작은 실수를 할 때 부모가 어떻게 반응해야 아이의 사기를 꺾지 않으면서 실수를 줄여나가도록 도와줄 수 있을까?

위의 사례처럼 아이가 커피 잔을 엎었을 때 넘어진 아이를 먼저 챙기면서. "아이구, 저런! 우리 연우가 넘어졌네. 안 다쳤어?"하고 아이가 우선 안전한지를 확인하면 아이는 엄마의 반응에 안심하고 자신의 실수에 대한 두려움에서 벗어난다. 그런 다음, "우리 연우가 엄마가 좋아하는 커피를 타다 주고 싶었구나. 정말 고마워"하고 말하면서 안아주면 아이는 자신의 마음을 알아주는 엄마가 고맙게 여겨지며 자신이 사랑받는다고 느낀다. 그리고 자신의 마음이 엄마에게 잘 받아들여졌고 인정받고 있다고 느낀다. 그런 후에 깨진 커피 잔을 치우면서 말한다.

"그런데 커피 잔이 깨져버렸네. 아끼는 잔이라서 아깝기는 하다. 유리잔이 깨지면 네가 다칠 수도 있으니까 다음에 우리 연우가 커피 가져올 때는 깨지지 않는 컵에 담아오자."

깨지지 않는 플라스틱 컵에 직접 커피를 담아서 실습하게 해본다면 아이는 실수를 통해서 엄마의 사랑을 느낄 수도 있고 새로운 것을 배우는 계기가 될 수도 있다.

아이들은 아직 경험이 부족해서 자잘한 실수를 반복하게 마련이다. 그런데 부모가 그때마다 아이를 질책한다면 아이는 새로운 것에 대한 도전의식을 갖기보다는 말썽부리지 않는 얌전한 아이가 되려고 할 것이다. 얌전한 아이가 되지 않으면 아이는 사고뭉치로 낙인 찍히기도 한다.

우리 아이가 초등학교 1학년 즈음 한겨울에 그때 한참 유행하던 킥보드를 가지고 산책을 나갔다. 킥보드 타는 재미에 빠져 있던 아이는 나를 제치고 앞서 달렸다. 마침 주유소 앞을 재빠르게 달리다가 그 앞에서 미끌어져 뒹굴고 말았다. 놀라서 달려가보니 주유소 앞에 물이 흥건히 고여 있었는데 물에는 기름이 섞여 있었다. 기름 때문에 아이가 미끄러진 것이다. 그때는 한겨울이었기 때문에 아이는 두꺼운 외투를 입고 있었는데 옷이 기름에 범벅이 된 아이를 보니 화가 나서 아이에게 신경질적인 말투로 쏘아붙이고 말았다.

"조심했어야지. 기름 있는 거 안 보여? 더러워진 옷은 이제 어쩔 거야."

아이가 다친 곳은 없는지, 얼마나 놀랐는지는 안중에도 없고 더러워진 옷만 내 눈에 들어왔던 것이다. 아이는 잔뜩 주눅이 들어 내 눈치를 보며 엉거주춤 일어났고 나는 속상해하며 집으로 돌아왔다. 아이의 옷을 벗기고 몸을 씻기면서도 기분은 풀어지지 않았다.

기름 제거용 세제를 풀어 아이 옷을 세탁하다가 나는 내가 화내는 이유를 알게 되었다. 두꺼운 옷을 세탁하기가 귀찮고 번거로웠던 것이다. 거기다가 더러운 기름이 잔뜩 묻었으니 버릴 수도 없는 그 옷이 아깝기도 했다.

그런 이유로 아이를 혼냈다 생각하니 내 자신이 우습고 한심하기까지 했다. 유치한 속마음을 알게 되고 나 자신에게 공감하고 나니 마음이 편안해졌다. 내 마음은 풀렸지만 엄마에게 혼이 난 아이는 엄마 눈치 보느라 조용히 입을 다물고 있었다. 이제는 잔뜩 움츠러든 아이에게 사과할 차례였다. 나는 아이 옷에 기름때를 빼고 부분 세탁을 해서 세탁기에 집어넣은 다음 아이에게 다가가 "아까 엄마가 화내서 많이 놀랐지. 그리고 속상했지. 너도 일부러 넘어진 게 아닌데 엄마가 혼내서 미안해. 늘 다녔던 길이라서 씽씽 달린 건데 거기 기름이 있을 줄 몰랐을 거야. 머리 안 다친 게 얼마나 다행이야. 다친 데 없는 것만도 천만다행인데 엄마가 화냈으니 얼마나 황당했을까."하며 아이를 안아주었다. 잔뜩 움츠러들었던 아이도 활짝 웃으며 내게 안겼다. 그리고 이렇게 말했다.

"엄마, 다음에 주유소 앞을 지날 때는 천천히 갈 거야. 또 기름이 흘러나와 있으면 미끄러워서 넘어지잖아."

"그래, 그러자."

아이를 이렇게 다독여주고 나니 아이와 내 마음은 모두 편안해졌다. 옷은 빨아서 말렸더니 다시 말끔해졌다. 아이는 깨끗해진 옷을 입으며, "엄마, 옷이 다시 깨끗해졌어"라고 말했다.

"그래, 우리 딸 덕분에 옷이 깨끗하게 목욕했네. 깨끗해진 옷을 입었으니 기분이 좋겠다"하며 우리는 즐거워했다.

사실 아이들은 부모를 골탕 먹이려고 일부러 실수하거나 사고를 저지르지는 않는다. 단지 경험이 부족하다보니 아직 판단력도 미숙하고 행동도 자유롭지 못한 것이다. 아이가 실수를 줄이고 나날이 발전해나가려면 실수하면서 배우는 방법밖에는 없다. 자잘한 실수를 하면서 다음에 큰 실수를 줄이려면 어떻게 해야 하는지를 몸으로 익혀야 하는 것이다. 그런데도 부모는 아이에게 실수할 기회를 주지 않고, 잘못했을 때는 잘못을 포용하기보다는 따끔하게 지적하고 야단친다.

사람은 비난을 통해서는 성숙할 수 없다고 한다. 비난을 받으면 아이들은 부모의 질책을 피하기 위해 방어할 구실을 찾고 변명하거나 거짓말까지 동원하게 된다. 그러다 보면 실수를 통해 무엇을 깨우치고 배워야 할지를 놓치게 된다. 아이가 부모의 기대대로 하지 못했을 때 또는 실수나 실패를 경험했을 때 "이걸 통해서 깨달은 것은 무엇이니?"라고 물어주어야 한다. "이걸 통해서 너는 어떤 생각을 하게 되었니?", "다음에는 어떻게 하면 좋을까?"라고 물어서 스스로 생각하고 깨우치고 전략을 짜도록 도와주어야 한다.

부모가 아이의 실수를 받아들이지 않고 습관적으로 나무라면 아이는 자신의 실수에 대해 죄책감을 갖게 된다. "나는 나쁜 아이야, 나는 말썽꾸러기야, 나는 제대로 하는 게 하나도 없어" 하고 자신을 낙인찍게 되고 어떤 시도도 하려고 들지 않을 것이다.

아이가 의도하지 않은 실수에 도덕적인 잣대를 들이대며 혼낸다면 아이는 스스로 못난 사람, 가치 없는 사람으로 여기며 성장하게 될 것이다.

자식을 말로만
키우지 마라

"아이가 너무 게으른 것 같아서 걱정입니다. 학교에 다녀오면 책가방은 아무데나 던져두고 교복을 입은 채 뭉갭니다. 그러다가 교복을 방바닥에 아무렇게나 벗어놓습니다.

어제는 집에 와서도 교복을 입고 있기에 교복을 벗어서 옷걸이에 걸어놓으라고 했습니다. 알았다고 대답만 하고 소파에 드러눕더니 게임을 하더군요. 다시 교복을 벗으라고 했습니다. 또 알았다고 하더니 옷을 벗지 않고 침대에 드러누워 만화책을 보는 거예요. 저는 교복 벗으라는 말을 스무 번도 넘게 했습니다. 집에 온 지벌써 2시간이 지나 있었고요. 저는 참고 있던 화가 폭발해버려서 아이에게 심한 욕을 했습니다. 아이는 아무 말 없이 자기 방문을 걸어 잠그고 나오지 않더군요. '아차' 싶었지만 아이의 게으름을 참을 수 없었습니다. 어떻게 해야 아이가 정리 정돈도 잘 하고 게으름을 부리지 않을까요?"

위의 사례도 중학교 1학년인 남자아이가 자신의 주변을 잘 관리하지 못해 엄마의 화를 돋우게 된 경우다. 엄마는 자신의 지시를 따르지 않는 아이에게 무척 화가 나 있었다. 나는 그 엄마에게 이렇게 물었다.

"아이한테 옷을 걸으라고 말하기 전에 엄마가 먼저 옷 거는 모습을 아이에게 보여주셨나요?"

그 엄마의 대답은 의외였다.

"아니요. 제가 정리를 잘 못하거든요. 그래서 남편한테 잔소리를 많이 들어요. 남편이 들어와서 집이 어질러져 있으면 짜증을 많이 내요. 그러면 제가 남편 눈치를 많이 보게 되고 스트레스를 받아요. 그래서 아이한테 아빠 오기 전에 자기 옷을 잘 걸으라고 말한 건데 아이는 도통 제 말을 듣지 않는다니까요."

엄마 자신이 정리하는 습관이 없고 정리하는 모습을 보여주지 않았으니 아이가 정리하는 방법을 배우지 못했을 것이다. 그런 엄마가 "정리 잘하라"고 하니 아이에게는 그 말이 어떻게 들릴까? 그저 공허한 메아리요 잔소리에 지나지 않을 것이다.

아이를 잘 기르고 싶고, 아이가 좋은 습관을 형성하기를 원한다면 부모 자신이 먼저 그런 모습을 보여주어야 한다.

"아이 교육은 절대로 말로만 되는 것이 아니다."

부모는 '나는 하기 싫고 아이에게는 시키고 싶은' 딜레마에 빠져 있다. 부모 자신은 공부하기 싫지만 아이는 열심히 공부하기를 원하고, 자신은 일을 제때 하지 못하고 미루면서 아이는 미루지 않고 그때그때 하기를 바라며, 아이에게는 동생을 때리지 말라고 하면서 부모는 자식에게 수시로 매를 든다면 아이는 부모에게서 무엇을 배우겠는가?

아이들은 부모의 말이 아니라 행동을 보면서 배운다. 그래서 부모의 행동이 곧 교과서라고 한다. 영어, 수학은 선생님이나 책에서 배울 수 있지만 자기 생활을 어떻게 관리하며 살아야 하는지는 부모와 함께 생활하면서 몸에 자연스럽게 습득된다. 그런 생활습관은 단기간에 과외로 해결할 수 없는 인생의 기초공사다. 그런데도 부모는 입으로만 자식을 키우려 든다. 몸으로, 행동으로 보여주지 못하면서 말로만 자식을 키울 수는 없다.

"이거 해라, 저거 해라" 말하기에 앞서 나는 어떻게 하는지를 우선 점검하는 부모가 되자. 부모 스스로 잘 관리한다면 아이는 굳이 잔소리하지 않아도 그 모습을 닮아가고 따라가게 될 것이다. 아이에게 좋은 습관을 물려주고 싶다면 차근차근 친절하게 설명해주고 시범을 보여주면서 잘할 수 있도록 관심을 가져야 한다.

우리 아이도 중학생이 되어 교복을 입게 되었다. 우리 아이 역시 학교에서 돌아오면 교복을 방바닥에 아무렇게나 벗어두기 일쑤였다. 몸만 빠져나와 똬리를 틀고 있는 옷 모양이 꼭 뱀 허물 같기도 하고, 어떤 때는 사방으로 자유 분망하게 널려 있는 옷들이 아이의 내면 풍경인 듯도 싶었다. 넓지 않은 아이 방에 옷이 그렇게 널려 있으면 우선 내가 심란하고 정신이 없어서 아이한테 이렇게 말했다.

"네 방에 옷들이 여기저기 누워 있는 걸 보니 엄마 마음이 어지럽다. 옷을 옷걸이에 걸면 좋겠어."

그러자 아이는 "엄마, 나는 아무렇지도 않거든. 이렇게 가만두면 돼. 어차피 내일 또 입을 건데 무슨 상관이야?"라고 했다. 아이의 말에 공감은 했지만 나는 아이가 다른 사람과 함께 생활할 때 서로 불편해지지 않으려면 지금 옷 거는 습관을 들여놔야한다고 생각했다.

우리나라 유학생에 관해서 들은 이야기가 문득 떠올랐다. 유학생 중 자기 관리가 제일 안 되는 학생들이 한국 유학생이라고 한다. 아무데나 속옷을 벗어두고 머리카락이 한 줌씩 엉켜 있는 방을 보면 한심하다는 것이다. 공부는 잘할지 모르지만 상대에 대한 배려가 없고 자기만 편하려고 한다는 것이다. 그래서 한국 아이들은 공부 경쟁력이 약하고 리더되기가 힘들다고 한다.

한국 여행가가 일본 여행을 회상한 글을 읽은 적이 있다. 유명한 온천을 찾아갔는데 탕 내부가 정돈이 잘 되어 있고 깨끗해서 주인이 관리를 잘하는 줄 알았다. 그런데 유심히 보니 목욕을 마친 사람들이 하나같이 자신이 쓴 대야며 기물들을 깨끗이 닦아 제자리에 가지런히 두고 정리한 다음 밖으로 나가더라는 것이다. 누가 시키지 않아도 다음에 들어올 사람을 위해 배려하는 모습에 감탄이 절로 나왔고 자신도 그들과 똑같이 정리한 후에 밖으로 나왔다고 한다. 그 모습을 보고 선진국은 경제적으로만 잘사는 나라가 아니라 사람들의 의식이 함께 성숙해야 함을 깨달았다고 한다. 일본의 부모들이 자식 교육의 우선순위를 어디에 두고 있는지를 가늠해볼 수 있는 좋은 예가 아닐까? 그렇기에 일본의 경쟁력이 우리나라보다 강한 것 같다.

나는 아이가 학교에서 돌아와 교복을 벗을 때 아이와 함께 옷을 걸어주기로 했다. 귀찮고 싫은 일을 누군가 도와주면 훨씬 쉬운 법이니 아이가 귀찮아하는 옷 걸기를 도와 함께 한 것이다. 한 학년이 거의 끝나갈 무렵 어느 날 아이는 교복을 스스로 옷걸이에 가지런히 걸어둘 수 있게 되었다. 교복 거는 간단한 일을 스스로 할 수 있게 되기까지는 거의 1년 정도가 걸렸다. 본인 스스로도 잘 정리된 옷을 보니 기분이 좋은 듯해 보였다.

보통 부모는 아이들에게 한두 번 시도해보고 스스로 못하면 타박하고 질책한다. 습관이 형성되려면 많은 시간과 시행착오가 필요한데도 부모는 성급하게 아이를 재촉한다. 재촉한다고 스스로 될 리 만무하다. 아이를 차근차근 도와주면서 단계적으로 배우도록 도와주어야 한다. 안 되면 다시 반복하면 된다. 반복된 행동이 결국 습관이 된다.

"인디언이 기우제를 지내면 반드시 비가 온다"는 인디언 속담이 있다. 왜 그럴까? 비가 올 때까지 기우제를 지내기 때문이다. 아이가 스스로 할 수 있을 때까지 재촉하거나 포기하지 말고 여유 있는 마음으로 아이를 도와주자.

우리나라가 앞으로 많은 성장통을 경험하겠지만 2025년 이후에는 세계 10위 안에 드는 경제대국이 될 것으로 전망한다. 우리 아이들이 사회의 주역이 되어 있을 그때를 준비하도록 하려면 지금 무엇을 우선으로 교육해야 할까? 우리 아이들이 세계 속에서 경쟁력 있는 리더가 되기 위해서는 더불어 함께 살아갈 수 있는 능력을 키워주어야 한다.

아이들이 세상에 나와 처음으로 맺는 사회적인 관계가 바로 부모다. 아이들은 부모에게 습관을 물려받는다. 자식이 보여주기를 바라는 좋은 모습, 좋은 행동을 부모가 먼저 실천하고 보여주는 역할 모델이 될 수 있기를 바란다.

잔소리하지 말고
규칙을 정하라

부모가 아이들과 흔히 부딪치는 문제가 컴퓨터 게임과 TV 시청이다. 아이들은 자신이 좋아하는 게임을 마냥 하고 싶어 하고 TV를 켜면 계속해서 보려고 한다. 엄마가 참다못해 잔소리를 하고는 컴퓨터나 TV를 일방적으로 꺼버린다. 아이의 욕구를 무시한 부모의 일방적인 행동은 아이에게 분노를 일으키기도 한다.

중학생 남자아이가 자신이 하던 컴퓨터 게임이 막바지에 도달해 점수가 나려는 찰나 엄마가 컴퓨터를 꺼버렸다면 그 아이의 허탈감은 분노로 바뀌어 엄마를 죽이고 싶다는 말까지 하게 만든다.

부모는 아이가 게임을 중지하고 자신이 해야 할 일을 하기 원하지만 부모가 일방적으로 통제하면 원망이 쌓여 아이는 자신의 행동을 조절하기보다는 부모에게 반항하는 행동을 하거나 오히려 컴퓨터 게임에 더 몰입하는 악순환이 일어난다.

아이가 컴퓨터 게임이나 TV 시청 등을 하는 데 좋은 습관을 형성하도록 부모가 도와주려면 어떻게 해야 할까?

잔소리를 줄이려면 아이와 규칙을 만든다

아이에게 습관이 필요한 것들이 있다. 컴퓨터 게임과 TV 시청을 비롯해서 제시간에 숙제하기, 정해진 시간에 잠자기, 씻기, 이 닦기, 아침에 스스로 일어나기 등이 그 예다. 이렇게 아이가 습관을 만들어가야 하는 일들은 처음부터 엄마가 아이와 함께 규칙을 정해야 한다. 규칙을 정할 때는 엄마가 일방적으로 "이렇게 해"라고 정해주어서는 안 된다. 아이의 욕구를 잘 받아주면서 아이가 원하는 것과 엄마가 원하는 것을 조율해나가야 한다.

규칙을 정하는 과정에서 시간을 갖고 충분히 대화해서 아이가 원하는 규칙을 만들었다는 느낌을 갖도록 해야 한다. 아이는 스스로 정한 규칙이 아니면 지키려는 의지가 생기지 않는다. 규칙을 지켜나가게 하려면 아이가 바라는 바를 충분히 수용해주면서 지킬 수 있는 수준의 규칙을 만들어야 한다. 아이 눈높이보다 수준이 너무 높거나 실천하기에 버거운 규칙은 작심삼일이 되기 십상이다.

첫 단추를 잘 끼워야 그다음에 실행력을 높일 수 있다.

　예를 들어보자. 초등학교 2학년 혜진이에게 아빠가 게임기를 사주게 되었다. 혜진이는 간절히 원했던 게임기를 갖게 되어서 신이 났다. 게임기를 받아드는 순간 아이는 마음껏 게임하고 싶어 했다. 이때 부모는 아이에게 게임기를 사주기만 하고 스스로 알아서 조절하기를 기대해서는 안 된다. 아이들은 어른의 도움 없이 스스로 자신의 욕구를 조절하는 능력이 부족하다. 그러므로 부모의 적절한 도움과 관심이 필요하다. 아이가 게임기를 가지고 놀기 전에 부모는 아이와 게임기 사용 규칙을 정해놓고 그것을 잘 실천하기로 약속을 정한다.

엄마: 혜진아, 게임기 갖게 돼서 신나겠구나.

혜진: 응, 엄마. 나도 이제 내 맘대로 실컷 게임할 거야.

엄마: 그래, 네가 좋아하는 게임 마음껏 하고 싶지.

혜진: 응.

엄마: 그런데 게임만 하면 혜진이가 할 일을 못할 수도 있고, 눈도 나빠질 수 있으니까 게임하기 전에 엄마랑 규칙을 정하자. 혜진이는 게임을 어느 정도 하고 싶어?

혜진: 매일 두 시간씩.

엄마: 하루에 두 시간씩 하고 싶다고? 그런데 매일 두 시간씩 게임하면 눈도 나빠지고 밖에 나가서 놀 시간도 줄어드니까 엄마는 한

시간으로 줄이면 좋겠어.

혜진: 그럼 많이 못하잖아.

엄마: 그 대신에 한 시간씩 하는 것을 잘 지키면 주말에 한 시간을 더 하면 어떨까?

혜진: 주말에는 두 시간 하고 싶은데……

엄마: 그래, 그렇게 하자. 하루에 한 시간씩 게임하기, 그리고 규칙을 잘 지키면 주말에는 두 시간 더 하기로 정하자. 그럼 언제 할까? 학교 다녀와서 숙제 마치고 할까, 아니면 다른 시간에 할까?

혜진: 게임 먼저 할 거야.

엄마: 그래. 그럼 학교에 다녀와서 간식 먹고 게임 한 시간하기. 어때?

혜진: 좋아.

엄마: 혜진이가 정한 규칙을 잘 실천할 수 있게 엄마가 도와줄게.

이렇게 아이와 함께 규칙을 정하고 아이가 볼 수 있는 곳에 규칙을 붙여놓아 게임을 하기 전에 볼 수 있도록 한다.

스티커 붙이기를 활용해 아이 스스로 규칙을 잘 지키고 있다는 성취감을 느끼도록 도와준다. 그리고 규칙을 잘 실천해나가면 적절하게 보상을 해주어서 동기를 강화시켜준다. 일주일 동안 규칙을 잘 지킬 경우 주말에 2시간을 더 게임할 수 있도록 하는 보상은 아이에게 규칙을 긍정적인 것으로 받아들이게 만든다.

아이 스스로 규칙의 필요성을 생각할 수 있도록 질문을 하자

　중학교 1학년인 규호는 1학기 성적이 형편없게 나왔다. 속이 상한 엄마는 여름방학이 시작되자마자 컴퓨터 금지 명령을 내리고 공부 스케줄을 짰다. 컴퓨터는 전혀 할 수 없고 밖에 나갈 때도 엄마의 허락이 있어야만 가능했다. 공부해야 하는 시간에는 엄마가 아이 방에 들어가 아이 뒤에서 감시했다.

　엄마가 이렇게 노력했지만 아이는 공부를 하려는 마음이 전혀 없었고 책을 펼쳐 들어도 딴생각에 빠져 집중을 못하고 시간을 흘려보냈다. 답답한 엄마는 아이를 데리고 나를 찾아왔다. 나는 아이와 면담하게 되었다. 아이는 무기력하고 의기소침해 보였다. 나는 아이 스스로 게임 규칙을 정하고 그 규칙을 실행할 수 있도록 질문을 해나갔다.

　　상담자: 규호야, 지금 뭐가 제일 하고 싶니?
　　규호: 컴퓨터요.
　　상담자: 컴퓨터를 어느 정도 하고 싶어?
　　규호: 실컷 하고 싶어요.
　　상담자: 컴퓨터를 실컷 하고 싶은데 지금 못해서 답답하겠구나.
　　규호: 네.

상담자: 어느 정도 하면 실컷 했다고 느낄 수 있겠어?

규호: 하루 종일 하면 좋죠.

상담자: 근데 하루 종일 게임해도 될까? 해야 할 일도 있지 않니?

규호: 네, 공부도 해야죠. 성적이 많이 떨어져서 이번 방학에는 공부를 좀 하려고요. 특히 수학이 많이 부족해요.

상담자: 규호가 공부의 필요성도 잘 알고, 공부하려는 의지도 있네.

규호: 근데 자꾸 게임하고 싶은 생각 때문에 공부에 집중이 안 돼요.

상담자: 얼마만큼 게임을 하면 공부에 집중할 수 있을까?

규호: 방학 동안에 수학학원을 다니고 있으니까 평일은 화요일, 목요일에 시간이 나요. 그리고 주말하고요.

상담자: 그러면 화, 목요일 하고 토, 일요일 중 어떤 시간에 게임을 하면 좋겠니?

규호: 화, 목요일에 한 시간씩 하고 일요일에는 두 시간 정도요.

상담자: 그 정도면 적당하겠니?

규호: 더 많이 하면 좋겠지만 공부도 해야 하니까요.

상담자: 공부와 놀이를 적절히 잘 조절하는걸. 잘해낼 수 있겠지?

규호: 해봐야죠. 아참! 그리고 토요일에는 축구를 하고 싶어요. 제가 축구를 무지 좋아하거든요. 친구들이랑 만든 축구팀이 있는데 요즘 못하고 있어요.

상담자: 규호가 축구도 좋아하는구나. 엄마께 말씀드려서 토요일 오후에는 축구를 할 수 있도록 해보자.

규호는 면담하면서 스스로 게임 규칙을 만들 필요성을 느끼고 그 규칙을 직접 정했다. 그리고 자신이 정한 규칙을 지키려는 의지도 있었다. 나는 규호에게 질문을 던져 자기 스스로 질문에 대한 답을 찾도록 도와주었다.

아이가 고학년이 되거나 사춘기에 접어들면 부모는 아이에게 생각할 수 있는 여지를 주는 질문을 해서 자신의 행동을 되돌아보도록 도와주어야 한다. 규호를 만나기 전 규호의 엄마는 규호에 대해 부정적인 말만을 내게 해주었다. 무책임하고 어린애 같고 아무생각이 없는 아이라고 했지만 내가 만난 규호는 엄마의 말과는 달리 공부를 더 잘해보고 싶은 의욕도 있고 축구도 잘하는 10대 청소년이었다.

부모와 소통이 단절되고 부모의 욕심 때문에 아이를 이해해주지 못하니 아이는 마음 둘 곳이 없는 상태였다. 면담 후 규호는 엄마와 함께 컴퓨터 사용 규칙을 정하고 주말에는 신나게 축구도 할 수 있게 되었다. 부모는 일방적인 통제에서 벗어나 아이의 바람을 잘 수용해주었다. 아이는 지킬 수 있는 규칙을 스스로 정해 하루하루 실행해나가며 방학을 평화롭게 보낼 수 있었다. 물론 실천이 안 되는 날도 있었지만 아이가 완벽하기를 요구하지 않는다면 시행착오를 거치면서 아이는 자기조절력을 키우고 더욱 성숙해질 것이다. 그리고 여름방학에 대한 뿌듯한 기억이 앞으로 학업의 동기를 더욱 높여줄 수도 있을 것이다.

습관이 필요한 일에는
적절한 보상이 필요하다

아이들은 하고 싶은 대로 하려고 한다. 그것은 아이들의 자연스러운 욕구다. 마음대로 놀고 싶어 하고, 초콜릿도 마음껏 먹고 싶어 하고, 귀찮을 때는 씻지 않으려고 한다. 그런 자연스러운 욕구를 스스로 조절하고 습관을 바꾸려면 아이에게 그렇게 함으로써 얻게 될 것에 대한 기대를 주어야 한다. 그것이 아이 눈높이에 맞는 적절한 보상이다. 너무 과하거나 지나치지 않은 보상은 아이의 습관을 지속시켜주는 촉매제가 될 수 있다.

가장 쉬운 방법은 물질적인 보상으로 작은 선물이나 아이가 원하는 물건을 주는 것이다. 이때 외적 보상이 너무 과하면 안 된다. 그리고 기간을 너무 길게 잡고 보상을 한꺼번에 크게 하기보다는 짧게 하고 보상을 작게 자주 하는 것이 훨씬 효과적이다. '6개월 후에 자전거 사주기'보다는 '5일 동안 잘 지키면 피자 한 판 쏘기'가 아이에게는 더 좋은 보상이 될 수 있다.

어떤 부모는 아이의 습관을 한꺼번에 바꾸려고 여러 개의 규칙을 정하게 한 뒤 한 학기 동안 500개의 스티커를 붙이면 원하는 로봇을 사주겠다고 약속했다. 처음 일주일은 아이도 신이 나서 하더니 그다음에는 지쳐서 규칙을 실행려는 의욕이 사라져버렸다. 아이가 예측 가능한 기간을 정해주어야 실천 가능성도 높아진다.

일주일 단위의 실천 목표가 아이들에게는 적당하다.

한꺼번에 많은 것을 해내기를 기대하지 말고 우선 아이가 가장 쉽게 할 수 있는 것부터 해보자. 아이에게 중요한 것은 부모의 욕구만큼 잘하는 것이 아니라 스스로 해냈다는 성취감이다. 이런 성취감이 쌓이면 좀 더 어려운 것도 능히 할 수 있는 힘이 생긴다.

또 정신적인 보상이 있다. 이것은 내적인 보상이다. 아이에게 칭찬과 격려를 해주고, 안아주거나 뽀뽀하기, 편지 써주기 등의 방법으로 아이의 내면에 뿌듯함과 자긍심을 심어줄 수 있다. 외적인 물질적 보상보다도 내적인 보상이 더욱 중요하므로 부모는 아이의 지지자가 되어 관심을 갖고 아이를 지켜보면서 지속적으로 긍정적인 반응을 해주어야 한다.

활동적인 보상도 좋다. 아이와 함께 30분 놀기, 영화보기, 놀러가기, 여행하기 등 가족이 함께하는 활동으로 보상해주는 방법이다. 아이들에게 즐거움과 재미, 좋은 추억을 줄 수 있는 다양한 활동을 해보자. 아이들은 신이 나서 규칙 만들기를 시도하고 잘 실행해나갈 것이다.

한 엄마의 사례다. 초등학교 5학년과 3학년 남자아이를 둔 이 엄마는 아이들과 외출하고 돌아오면 녹초가 되기 일쑤였다. 아이들이 집을 나서는 순간부터 길가에 보이는 것들을 사달라고 떼를 써서 엄마를 힘들게 했다. 아이들이 물건을 사달라고 막무가내로 고집을 부리면 아이들에게 폭언을 쏟아붓기도 하고 위협도 해보앉지만 아이들의 행동은 바뀌지 않았다.

엄마는 아이들이 좋은 행동을 할 때 긍정적인 보상을 하기로 마음을 바꾸었다. 아이들과 외출하기 전에 쿠폰을 만들어서 아이들에게 주었다. 쿠폰에 적힌 목록은 작은 선물, 칭찬, 여행 등 다양한 보상들로 구성되었다. 엄마는 아이들에게 "오늘 밖에 나가면 엄마가 약속하지 않은 것은 사줄 수 없다"고 미리 얘기한 다음 사고 싶거나 먹고 싶은 것이 있어도 잘 참고 집에 돌아오면 원하는 쿠폰을 사용할 수 있다고 말해주었다. 아이들은 예전과 달리 사고 싶은 것이 있어도 참는 기색이 역력했다. 아이들은 자신에게 돌아올 보상을 기대하게 되었고 그 기대감이 충동적인 행동을 자제할 수 있게 해주었다.

엄마가 발행한 쿠폰들이 마법의 힘을 발휘하여 아이들과 외출하기가 편하고 즐거웠다고 한다. 즉각적인 만족보다는 자신에게 돌아올 더 좋은 보상을 기대할 수 있었기에 가능한 일이었다.

부모가 함께한다

아이는 아직 자기조절력이 미숙해서 엄마와 규칙을 정했다 하더라도 규칙에서 벗어나고픈 욕구를 제어하기가 어려울 수 있다. 습관을 만들어가야 할 때는 엄마가 일정 기간을 아이와 함께하며 정해진 시간이 되면 알려주어서 아이가 정한 약속을 지킬 수 있도록 해주어야 한다.

> 엄마: 은정아, 한 시간이 다 되었네. 이제 게임기 끌 시간이야.
>
> 은정: 알았어. (게임을 중단하지 못하고 5분 정도가 지났다.)
>
> 엄마: 5분이 지났어. 이제 꺼야 해.
>
> 은정: 알았어. (마지못해 끈다.)
>
> 엄마: 은정이가 게임이 더 하고 싶을 텐데도 스스로 끄는구나. 우리 은정이 대견하다.

아이가 정해진 시간을 초과한다 해도 다그치거나 혼내지 말고 조금 더 기다려서 아이 스스로 끄도록 한다. 엄마는 시간을 초과한 것에 초점을 두지 말고 스스로 끈 것에 초점을 두어 아이를 칭찬해주어야 한다. 그런 과정이 반복되면 아이는 정해진 시간에 끌 수 있는 자기통제력이 만들어진다.

아이가 하는 게임을 엄마도 함께 해보고 서로 즐기면서 대화를 나누면 더욱 좋다. 아이가 좋아하는 놀이를 엄마가 함께 하는 것만으로도 아이는 부모에게 사랑받고 지지받는다는 느낌을 갖는다. 내가 좋아하는 엄마를 기쁘게 해주고 싶은 욕구가 저절로 생겨서 게임기 사용 규칙도 훨씬 수월하게 지켜나가게 된다. 규칙을 의무적으로 지키기만을 요구하지 말고 아이와 함께 즐거운 시간을 보내자.

어떤 엄마는 자신은 게임을 너무 싫어해서 아이가 게임하는 것을 쳐다보지도 않는다고 한다. 그리고 아이가 컴퓨터 게임하는 게 못마땅하다고 한다. 아이가 왜 게임을 좋아하는지, 아이가 어떤 게임을 좋아하는지를 알아야 아이와 함께 컴퓨터 게임을 왜 자제해야 하는지도 이야기할 수 있다. 아이의 눈높이로 내려와 아이가 좋아하는 놀이를 함께해보자. 그러면 아이의 마음도 이해하게 되고 아이와의 이야깃거리도 많아질 것이다.

아이를 관리하는 감시자가 아니라 아이와 함께 해주는 친밀한 부모가 된다면 아이들이 컴퓨터에 지나치게 몰입하거나 중독에 빠지는 것을 예방할 수 있다.

자율권을 주면
스스로 통제한다

아이들과 생활하면서 부모가 흔히 하는 말을 살펴보면 "~하지 마라", "~해라"라는 말이 가장 많다. 뛰지 마라, 싸우지 마라, 늦지 마라, 때리지 마라, 컴퓨터 꺼라, 일어나라, 학원 가라, 불 끄고 자라 등 아이들의 행동을 통제하기 위한 일방적인 명령과 지시하는 말들을 많이 사용한다. 어떤 엄마는 이런 말을 빼면 할 말이 없다고도 한다.

그런데 부모의 일방적인 지시에만 익숙해져 있는 아이들은 스스로 자신의 행동을 통제하는 자율성이 약하다. 부모가 이러한 말을 하는 이유는 아이들이 자신의 행동을 절제하고 나은 방향으로 자라기를 바라기 때문이다. 그러나 아이러니하게도 부모가 이것저

것 일일이 통제하는 아이들치고 자신의 행동을 스스로 통제하는 아이가 없다. 오히려 욕구가 수용되지 않고 욕구불만이 쌓이게 되면 부모가 하지 말라는 것을 더욱 하려 들고 부모의 눈을 속이게 된다. 어떤 엄마는 아이가 하지 말라는 것만 골라서 한다고 하소연한다. 그 아이의 내면에서는 이런 소리가 들려올 것이다. '나는 소망한다. 내게 금지된 것을⋯⋯'

사람은 금지된 것에 더 큰 욕망을 느낀다고 한다. 특히 아이들은 하지 말라고 금지당하면 그것을 하고 싶은 생각에 더욱 휩싸인다. 뛰지 말라는 말을 들으면 아이의 뇌에서는 뛰는 모습이 연상되고 뛸 때의 신나는 기분이 느껴진다. 그래서 아이들은 그 말을 듣자마자 뛰게 된다. 하지 말라는 말은 그 행동에 대한 욕구를 더욱 강화시킨다.

아이들을 A와 B집단으로 나누어 같은 크기의 공간에 들어가게 한 뒤 아이들의 행동을 관찰하는 실험을 했다.

A집단의 아이들에게는 "얘들아, 선생님이 20분간 밖에 나갔다 올 거야. 그동안 이 방에서 신나게 놀아"라고 얘기하고 밖에 나가서 아이들을 관찰했다. 아이들은 밖으로 나오지 않고 방에서 재미있게 잘 놀았다.

한편 B집단의 아이들에게는 "얘들아, 선생님이 20분간 밖에 나갔다 올 거야. 그동안 절대로 밖에 나오지 말고 이 방에서만 놀아"라고 말하고 밖에서 아이들을 관찰했더니 선생님이 나간 후 문을 열고 밖으로 나와 밖에 무엇이 있는지를 흘끔흘끔 쳐다보거나 배회하는 아이들이 여러 명 있었다.

A집단과 B집단 아이들에게 '방에서 놀라'는 같은 메시지를 전달하는 방식이 달라지니 아이들의 반응도 달라지는 것을 확인할 수 있었다. 이렇듯 부모가 아이들의 행동을 통제하는 방식으로 제재를 가할수록 아이들은 행동 조절에 어려움을 느끼게 된다. 그러면 어떤 방식으로 아이들이 자신들의 행동을 스스로 조절하도록 도와줄 수 있을까?

정한 규칙을 실천하도록 도와준다

앞서 얘기한 대로 아이가 게임기를 하거나 컴퓨터 게임을 하려고 할 때 사전에 엄마와 얘기해서 규칙을 정해야 한다. 규칙을 정할 때는 엄마가 일방적으로 "이렇게 해"라는 식의 명령이 아니라 아이의 의견을 충분히 듣고 수용해서 아이가 불만이 없게 규칙을 정해야 아이 스스로 정한 규칙에 책임감을 느끼고 그것을 잘 지켜나가기 위해 노력한다.

"게임을 저녁식사 후 30분간 한다."

"주말에만 2시간씩 한다."

는 등 아이가 원하는 시간을 정할 수 있도록 한다. 아이에게 자신이 정한 규칙을 잘 지킬 경우에는 일정한 보상을 하겠다고 약속한다. 컴퓨터 게임이나 TV 시청 같은 습관이 필요한 일들에 대해서는 아이에게 적절한 보상을 해주는 엄마의 격려가 필요하다. 사실 아이들 입장에서는 재미있는 놀이를 한없이 하고 싶은 것이 자연스러운 욕구다. 그것을 참고 이겨내는 일은 쉽지 않다. 그러므로 엄마는 아이의 노력에 상응하는 적절한 보상을 해주어 아이의 행동을 격려하고 인정해주어야 한다. 처음에는 쉽지 않지만 엄마가 일관된 태도를 유지하면서 아이를 도와준다면 아이는 자기 행동의 주체가 될 수 있다.

나 역시 우리 아이와 컴퓨터 사용 시간 때문에 일 년 이상을 서로 얘기하면서 규칙을 만들어갔다. 아이가 초등학교 2학년이 되자 컴퓨터의 재미를 알기 시작했다. 여러 가지 게임에 재미가 들었는지 컴퓨터 사용 시간이 길어지고 수시로 컴퓨터 앞에 앉아 지냈다. 나는 아이와 함께 컴퓨터 사용 규칙을 정하기로 했다. 아이는 학교에서 돌아오면 30분씩 게임을 하고 싶다고 했다. 나는 아이의 의견을 수용하고 집에 돌아오면 게임할 수 있도록 했다.

문제는 30분이 지나도 아이가 컴퓨터를 끄려고 하지 않는 것이었다. 이때 엄마가 아이에게 규칙을 지키지 않는다고 화를 내거나, 일방적으로 컴퓨터를 꺼버리거나, 강제로 일어나게 한다면 아이의 자율성을 키워줄 수 없다. 아이가 행동을 바꾸려고 하지 않을 때 엄마가 꼭 기억해야 할 것은 아이가 엄마 말을 듣도록 조종하거나 통제하는 것이 아니라 자신의 행동을 스스로 조절하는 힘을 길러줘야 한다는 것이다. 게임의 재미를 계속 연장하고 싶은 아이의 기분은 어쩌면 당연한 것임을 엄마는 인정해야 한다. 아이의 그 기분을 충분히 이해한다면 강압적으로 엄마 말을 듣게 하거나 화를 내지 않고도 아이를 도와줄 수 있다.

"게임이 무척 재미있구나"하고 아이의 마음을 이해해주면 아이는 마음이 편안해진다. 그러면서 아이는, "그러니까 조금만 더 하고 싶어"라고 말할 것이다.

이때 엄마는, "그래, 게임을 계속하고 싶지. 그런데 약속한 시간이 지났거든. 엄마가 5분을 기다릴 테니 *끄자*"라고 말해준다. 아이가 시간을 더 끌거나 아쉬운 마음에 마지못해 컴퓨터를 끄더라도 엄마가 아이를 질책하거나 혼을 내서는 안 된다.

"게임이 더 하고 싶을 텐데 스스로 컴퓨터를 껐네. 우리 딸 약속 잘 지킨다. 훌륭해."
이렇게 칭찬해주면 아이는 자신의 행동에 자부심을 갖게 되고 엄마가 인정해준 그 행동은 앞으로 더욱 강화되고 지속될 수 있다. 아이가 정한 시간을 10~20분 정도 지난다 해도 스스로 컴퓨터를 끈 것에 초점을 맞춰 충분히 인정해주면 시간에 맞춰 컴퓨터 끄는 일은 훨씬 수월해진다.

나는 아이가 스스로 컴퓨터를 끌 때마다 "더 하고 싶을 텐데"라는 말로 아이의 욕구를 수용하고 인정해주었다. "컴퓨터를 정한 시간에 꺼야 해"라는 당위적인 생각으로 아이를 기르려고 하면 아이가 약속을 못 지킬 때마다 화가 나고 아이가 미워진다. 그러나 아이의 욕구를 수용하면 "그럴 수 있어"라는 이해의 말을 해줄 수 있다. 그리고 아이가 나름대로 노력하는 것을 인정해주는 마음의 여유가 생긴다. 일 년여 동안 아이가 컴퓨터 사용 시간을 스스로 조절하도록 도와주었더니 그 이후로는 컴퓨터 문제로 잔소리를 하거나 부딪치는 일은 없었다.

초등학교 5학년, 3학년인 두 남자아이와 컴퓨터 사용 시간 때문에 늘 잔소리를 하고 부딪치는 일이 많았던 한 엄마도 이런 방식으로 아이들과 문제를 잘 해결할 수 있었다. 엄마가 "컴퓨터 꺼라, 그만해라"라는 잔소리를 하지 않기 위해 우선 아이들과 컴퓨터 사용 규칙을 정했다. 그리고 아이들이 게임할 때면 이렇게 말했다.

"지금은 너희가 재미있게 게임하는 시간이야. 엄마 눈치 보지 말고 맘껏 즐겨. 그리고 시간에 맞춰 끄자."

전에는 수시로 아이들을 감시하고 컴퓨터를 켰는지 안 켰는지에 촉각을 곤두세웠다. 아이들은 엄마의 눈을 피해 컴퓨터에 더욱 매달렸고 엄마와 실랑이를 하기 일쑤였다. 그러던 아이들이 마치 마법에 걸린 듯 엄마의 말이 바뀌니 따라서 바뀌기 시작했다는 것이다. 아이들은 엄마의 눈치를 보지 않으면서 재미있게 게임하고 시간이 되면 스스로 컴퓨터를 껐다. 상상하지 못했던 아이들의 모습을 지켜본 엄마 마음도 뿌듯하고 편안해졌다. 물론 아직은 정한 시간을 정확히 지키지는 못하지만 스스로 컴퓨터를 끄는 것만으로도 아이들이 무척 대견스럽다. 이렇게 무엇이든 한 가지 일에 자기조절이 가능해지면 다른 것들도 쉽게 조절이 가능해지고 자기 자신을 잘 관리하는 아이로 자랄 수 있다.

모든 아이들에게는 자율성의 뿌리가 있다. 이는 신이 인간에게 준 능력이기도 하다. 자율성은 스스로 정한 대로 자신의 행동을 조절하고 통제하는 능력을 말한다. 아이들이 선천적으로 부여받은 이 능력을 부모는 믿어야 한다. 아이가 스스로 해낼 수 있다는 믿음이 있다면 잔소리 대신 아이에게 좀 더 많이 선택할 권한을 주어야 한다.

사람은 스스로 정한 약속은 지키려는 책임감도 느낀다. 아이가 부모의 지시가 아닌 자신의 필요에 따라 약속과 규칙을 정할 수 있도록 선택권을 주고 나면 아이의 주도성과 적극성, 자발성은 자연스럽게 길러질 수 있다.

이제는 조직이나 직장에서도 상사가 부하를 관리하고 통제하는 리더십이 아니라 부하에게 더욱 많은 권한을 위임하고 그것에 책임을 부여하는 '임파워먼트(권한위임)'의 리더십이 요구되는 시대다. 부모도 과거의 일방통제식 아이 교육의 틀을 벗고 아이 스스로 선택하고 결정하도록 도와주어야 아이들이 시대에 맞는 리더십을 키워나갈 수 있다.

놀이는 뇌를
활성화시킨다

"잘 노는 아이가 공부도 잘한다."

이 말을 어떤 부모들은 의아해한다. 노는 것과 공부가 무슨 연관이 있을까? 부모들은 보통 공부를 잘하려면 노는 것을 미뤄두고 책상 앞에 앉아 공부해야 한다고 생각한다. 놀이는 쓸모없고 시간 낭비라고 생각하는 부모도 있다. 그래서 아이들이 놀려고 하면 억지로 앉혀놓고 공부하기를 강요한다.

그런데 놀이는 그 자체로 아이에게 많은 학습 효과를 준다. 아이는 태어나면서부터 학습을 시작한다. 보고 듣고 만지는 과정에서 뇌가 발달하고 인지처리 방식이 습득된다. 따라서 다양한 자극을 통해 오감을 자극하는 것이 가장 좋은 학습 방법이다.

아이의 두뇌 개발을 원한다면 실컷 놀 수 있는 기회를 주어야 한다. 자발적인 놀이는 아이에게 즐거움을 준다. 즐겁게 놀다보면 마음이 편안해지고 스트레스나 마음의 찌꺼기도 사라진다. 또 즐거운 놀이는 아이들에게 집중력을 키워준다. 사람은 즐거운 일을 할 때 엄청난 몰입을 경험한다. 몰입 경험을 통해 집중력이 강화될 수 있다. 아이들이 즐겁게 놀 때를 관찰해보면 놀이삼매에 빠져 온몸과 마음을 동원한다. 즐겁기 때문에 자발적인 집중이 가능해지는 것이다. 10대 청소년을 조사해본 결과 일상생활에서 즐거운 몰입 경험이 많은 아이가 학업에서도 성취도가 높은 것을 확인할 수 있었다.

몸으로 노는 신체활동은 두뇌력을 높여준다. 초등학교 아이들을 대상으로 운동장에서 신나게 운동하게 한 후 뇌의 활성도를 검사한 결과 운동 전보다 훨씬 많은 부위가 활성화된 것을 확인할 수 있었다. 운동중추는 대뇌피질 전두엽에 있다. 신체활동을 활발히 해 전두엽이 활성화되면 전략을 짜고, 문제를 해결하며, 목표를 설정하고, 끈기와 인내심을 키우는 뇌력이 좋아진다.

쥐 실험 결과를 보자. 놀이 환경을 제공했을 때와 놀이 환경이 없었을 때 쥐의 뇌 발달을 실험하였다. 쥐가 신나게 놀 수 있도록 재미있는 놀이기구를 만들어주고 마음껏 돌아다니며 놀게 한 경우와 단순히 먹이와 물만을 제공해주고 놀이 환경을 제공해주지 않았을 때 뇌 발달을 비교·측정해본 결과 다양한 놀이 환경이 제공된 쥐의 뇌 발달이 현저히 좋은 것으로 나타났다. 뇌력이 좋아지고 전체 뇌를 활성화하려면 다양한 놀이 환경이 필수적임을 알 수 있다.

아이들은 신체활동을 통해 공부에 필요한 목표설정, 인내심, 판단력, 정서조절력 등을 기를 수 있다. 놀이는 자발적인 학습 과정이다. 결코 쓸모없는 활동이 아님을 기억하여 적극적이고 자발적으로 놀 수 있도록 해주어야 한다.

초등학생은 놀이, 학교공부, 독서의 비율을 6:3:1로 정하기를 권한다. 놀이는 장래에 아이가 더 어려운 공부를 해내기 위해 필요한 주도성, 자발성, 적극성, 문제해결력, 창의성 등을 개발하는 중요한 학습 과정이다. 그러니 놀이는 인지학습보다도 더욱 중요하다. 요즘 초등학교 아이들의 3분의 1이 정서장애아동이라는 통계 발표도 있었다. 불안장애, 학습장애, 행동장애 등이 놀지 못해서 발생하는 경우가 많으므로 아이가 놀 수 있는 자연스러운 환경을 만들어주도록 부모가 배려해야 한다.

즐거운 놀이를 한다

부모는 아이가 흥미 있어 하는 놀이를 잘 관찰하여 함께 놀아준다. 맞벌이 부부가 늘어나는 요즘 엄마 아빠가 직장생활하느라 바쁘더라도 하루 15~30분은 반드시 아이와 함께 노는 시간을 내야 한다. 아이들은 스스로 자기가 즐거운 놀이를 찾아낸다. 아이가 좋아하는 놀이를 부모는 함께 해주면 된다. 아이의 눈높이에 맞춰 부모가 흥겹게 놀아야 아이도 재미있어 한다. 의무적이고 기계적으로 놀아주면 아이는 부모와의 놀이에 흥미를 갖지 못한다.

또래와의 놀이도 중요하다. 또래친구들과 어울려 몸을 움직이는 놀이를 하면 좋다. 예전에는 동네 골목길에 아이들이 많았다. 부모들은 어릴 적 학교에 다녀오면 동네 아이들과 어울려 날이 어두워질 때 까지 놀았던 기억이 있을 것이다. 그러나 요즘은 아이들이 바깥에 나와 노는 것을 보기가 어렵다. 그래서 아이들도 자연스럽게 놀이친구를 만들기가 어려운 실정이다. 부모는 아이가 적극적으로 친구를 찾도록 도와주어야 한다. 아이가 좋아하는 운동이나 방과 후 활동을 하면서 친구를 사귀고 그 친구들과 어울려 집 안이나 놀이터 또는 운동장에서 놀 수 있는 기회를 마련해 주어야 한다.

몸을 움직이는 놀이를 해보지 않은 아이들은 노는 방법을 잘 모른다. 많이 놀아봐야 재미있게 노는 방법을 터득하게 되는데, 잘 놀아보지 못한 아이들은 무료할 때 컴퓨터에 빠져드는 경향이 있다. 아이들이 만나서 고작 하는 놀이가 컴퓨터 게임이라면 바깥에서 신체활동을 하면서 놀 수 있는 시간을 만들어주어야 한다.

한 엄마의 경우 아이가 게임에 빠져 지내왔는데 인라인을 배우게 되면서 게임을 하지 않게 되었다고 한다. 인라인을 배우면서 알게 된 친구들과 신나게 운동하고 나서 밥도 잘 먹고 잠도 잘 자 게 되어 아이의 생활에 활력이 생겼다며 기뻐하였다.

놀이는 마음을 건강하게 해준다

요즘 많은 아이들이 놀이치료 프로그램에 참여하는 것을 볼 수 있다. 놀이치료는 즐거운 놀이를 매개로 정서적인 안정감을 회 복하고 충동을 조절하도록 돕는 행동치료이자 심리치료 방법이 다. 다양한 놀이감으로 마음속에 쌓인 스트레스를 풀고 표현하고 싶은 것을 발산하는 과정에서 아이들은 마음이 건강해진다.

아이들이 화나 분노, 스트레스를 해소하기에 좋은 놀이는 입 과 손, 발을 이용하여 노는 것이다. 축구나 야구, 복싱, 농구 등은 발과 손을 이용하여 스트레스를 날릴 수 있는 좋은 운동이다. 뜨게 질, 퀼트, 십자수, 비즈공예, 풍선아트 등도 좋다.

또 찰흙놀이는 심리치료에 좋다. 사람은 흙을 만지면 마음이 편안해지는 것을 느낀다. 미국의 교도소에서는 흉악범을 교정치 료할 때 찰흙놀이 프로그램을 이용한다. 흙을 만져보고 주물러서 무언가를 만들어냄으로써 성취감도 느낄 수 있다는 것이다. 종이 찰흙, 칼라점토 등을 이용해 다양한 색깔을 활용하면 더욱 좋을 것이다.

　신문지 찢기, 베개 두드리기, 낙서하기, 풍선 불어 터뜨리기 등은 마음속에 쌓인 분노를 해소하기에 좋은 놀이다. 풍선을 크게 불어 미운 사람을 그리거나, 하고 싶은 말을 적은 다음 가슴으로 눌러 뻥 터뜨리고 나면 답답한 마음이 한결 시원해진다. 집에 쌓여 있는 신문을 마음껏 찢고 나면 마음이 후련해진다. 찢어진 신문 조각을 뭉쳐 공을 만들어 공놀이를 하는 것도 즐겁다. 싫어 하는 사람이 있다면 베개에 그 사람 얼굴을 떠올린 뒤 실컷 두들기고 나면 마음속의 미움도 줄어든다.

　숲 치료도 좋다. 나무가 많이 우거진 숲이나 자연휴양림 속에서 걷고 나면 정신도 마음도 상쾌해진다. 숲 속에는 피톤치드라는 음이온 물질이 많아서 스트레스에 찌든 뇌를 편안하게 해주고 뇌를 알파파 상태로 만들어준다고 한다. 명상 상태에 있을 때 우리의 뇌파는 알파파 상태가 된다. 불안장애가 있는 아이를 둔 한 엄마는 주말이면 항상 가족과 함께 숲을 찾는다고 한다. 숲에서 하루를 보내고 나면 아이는 훨씬 편안해지고 활기가 생겨난다고 한다. 가능하면 자주 자연과 접할 수 있는 시간을 갖자. 멀리 가지 않더라도 가까운 공원을 찾아가 걷거나 돗자리를 펴고 앉아 노는 것만으로도 좋다.

체험놀이는 학습의 배경지식이 된다

　여러 기관에서 제공하는 체험놀이 프로그램이 무척 다양하다. 놀토나 휴일을 이용해서 온 가족이 체험놀이에 참여해보자. 가족과 좋은 추억을 만들면서 아이가 직접 경험한 생생한 기억은 학과 공부를 하는 데 배경지식이 되어 공부의 동기를 강화해줄 수도 있다.

　시골에 한 번도 가보지 않은 아이가 초가집을 이해하기는 어려울 것이다. 초가집의 형태를 말과 글로 설명하는 것보다 아이가 직접 시골에 가서 초가집을 보고 그곳에서 하룻밤 자보는 것만큼 좋은 학습은 없다. 아이들은 보고 경험하는 만큼 성숙한다.

　또 박물관이나 역사 유적지를 돌아보는 것도 좋다. 아이들의 교과 과정에 맞춰 체험을 해보면 학과 공부에 도움이 많이 된다. 그러나 부모가 너무 욕심을 내서 아이에게 한꺼번에 많은 것을 보도록 강요하면 아이는 체험학습을 즐거이 경험하지 못하고 지치게 된다. 박물관을 견학할 때도 아이가 관심 있는 것 한두 가지만을 정해 집중적으로 본 뒤 자유롭게 놀 수 있도록 해야 한다.

　생태체험도 좋다. 계절마다 바뀌는 생태환경을 접하며 순환의 원리와 자연의 소중함을 일깨워줄 수 있다. 봄이면 아이가 기르고 싶어 하는 식물의 씨앗을 심고 정성을 들여 길러서 가을에 수확하는 재미도 느낄 수 있다. 농촌에 직접 찾아가서 고구마나 감자캐기, 밤 줍기 등에 참여하면 아이들은 즐거워한다. 또 갯벌체험을 하면서 바다의 생태도 알게 되고 자연환경 보존의 중요성도 깨닫게 된다.

아이들은 다양한 놀이를 하면서 세상을 배운다. 놀지 못하면 마음이 멍들고 병들게 된다. 적극적이고 자발적인 놀이를 하면서 아이들이 배움에 대한 욕구를 충족하고, 배우는 것의 즐거움을 깨달으며, 배움의 소중함을 터득할 수 있도록 좋은 놀이 환경을 제공해주자.

마음이
동하게 하라

부모가 공부하라고 잔소리하거나 시키지 않아도 스스로 공부를 잘하려면 아이의 내면에 공부에 대한 동기가 싹터야 한다. 동기는 "자신을 행동하고 움직이게 만드는 힘"이다.

아이가 공부를 하려면 놀고 싶은 충동을 자제하고 지금 편하게 지내고 싶은 만족감을 미루는 힘이 필요하다. 그 힘을 '만족지연 능력'이라고 한다. 현재의 만족을 미루고 미래에 돌아올 더 큰 보상을 기대하며, 그 보상을 위해 노력을 기울일 수 있는 능력은 사회성과 학업능력 등 아이의 삶에 큰 영향을 준다.

자신의 감정과 충동을 조절하는 능력인 자기통제력이 키워지려면 우선 부모와 따뜻하고 신뢰 있는 관계를 형성해야 한다. 유아기 때 부모와의 접촉과 상호작용이 충분하면 아이는 안정적인 애착 관계를 형성한다. 부모가 아이에게 따뜻하게 대하고, 일관된 사랑을 보여주며, 아이와 한 약속을 잘 지키면 아이는 부모와 쌓은 신뢰감을 바탕으로 만족지연 능력이 커진다. 부모와 쌓은 신뢰를 바탕으로 기다리면 약속한 보상이 돌아온다는 기대감은 아이의 만족지연 능력에 큰 영향을 준다.

부모가 일관되지 못하고 부모의 감정대로 아이를 다룬다면 아이는 부모를 믿지 못하고, 부모와 한 약속을 신뢰하지도 않는다. 미래에 대한 긍정적인 기대가 없기 때문에 스스로 자신을 조절하는 만족지연 능력이 키워질 수 없다.

지금 힘든 것을 참고 신중하게 생각하며 여유 있게 행동하는 능력은 인생에서 중요한 구실을 한다. 참고 기다리면 더 큰 보상을 얻을 수 있다는 믿음은 아이들의 행동을 긍정적으로 변화시킨다. 자신이 정한 목표를 성취하기 위해 자신에게 좀 더 좋은 기회를 선택하는 것이다. 부모가 아이에게 긍정적인 목표를 설정하도록 도와주려면 어떻게 해야 할까?

초등학교 3학년인 성식이는 학교 시험이 며칠 남지 않았는데도 시험공부할 생각을 하지 않았다. 참다못한 엄마는 성식이에게 이렇게 말했다.

"너 점수가 80점 이하로 나오기만 해봐. 그다음부터는 엄마가 시키는 대로 공부해야 해."

시험 결과를 보니 성식이는 85점을 맞아왔다. 성식이는 "나 85점 맞았으니까 공부 안 해도 돼?"라고 말했다.

엄마는 성식이가 좀 더 공부하면 성적도 더 좋아질 텐데 자기 점수에 만족해하고 더 공부하지 않으려 한다며 어떻게 공부하는 방향으로 이끌어주어야 할지 모르겠다고 했다.

공부하는 목표는 평가목표와 학습목표 두 가지로 나뉜다. 평가목표는 자신의 능력을 증명해 보이고 자신이 얼마나 똑똑한지를 나타내고자 하는 것이다. 학습목표는 새로운 것을 배우고 싶어 하고 도전을 통해서 완전히 익히려는 것이다. 공부하는 목표를 어디에 두느냐에 따라 아이가 공부하는 태도에 영향을 준다.

공부하는 목표를 평가목표에 두면 어려운 목표 앞에서 쉽게 포기하고 실패할 때는 눈에 띄게 자신감을 상실한다. 평가결과가 나쁠까봐, 실패할까봐 불안감이 높아지면 시험 자체를 두려워해서 자신의 실력을 발휘하기도 힘들어진다.

그러나 공부를 학습목표에 두는 경우는 문제가 어렵더라도 도전할 수 있고 새로운 원리나 문제해결 방식을 배울 수 있는 문제를 선택하게 된다. 학습목표가 있는 아이는 실패하더라도 낙관적이고 자신감 있는 태도를 유지한다.

'실패는 배우는 과정이야. 나는 지금 배우고 있고 조금씩 나아지고 있으니까 괜찮아'라고 생각하며 용기를 잃지 않는다. 실패 원인을 어디에 두느냐에 따라 아이의 그다음 행동이 달라진다. 자신의 실패는 노력이 부족했거나 방법이 틀려서라고 생각하기 때문에 아이는 '다음에는 더 노력해야지' 라고 생각하고 결국 능력이 향상된다. 학습목표는 위기나 실패를 딛고 일어서게 하는 힘이 된다.

반면에 평가목표가 있는 아이는 '실패는 내가 능력이 없다는 걸 증명하는 거야' 라고 생각하고 낙관적인 태도나 자신감을 상실한다. 실패의 원인을 자신의 능력 부족으로 돌리기 때문에 '난 어차피 안 돼' 라고 생각한다.

아이들의 공부목표가 무엇인지에 따라 공부하는 동기가 달라진다. 평가목표가 있는 아이들이 실패를 받아들이기 어려운 이유는 실패를 경험하면서 "나는 능력이 없어"라고 좌절해버리기 때문이다. 부모가 아이 공부를 평가목표에 둘 경우 아이는 학습의 재미와 흥미를 잃고 자신의 능력을 개발하지 못한다. 시행착오를 겪으면서 더 배우려 하기보다는 부모의 질책을 피하기 위해 쉬운 과제만 선택하거나 자신이 받은 점수에 만족해버린다.

OECD 국가의 교육경쟁력을 평가한 조사에서 각국 명문대생을 중심으로 학업목표를 조사한 결과 유럽이나 북미 학생들은 '어렵지만 도전하고 싶고 배우고 싶은 과제'에 흥미를 보이는 반면 한국의 명문대 학생들은 '학점이 잘 나오는 쉬운 과제'를 선택하는 경향이 높았다.

결국 우리나라 교육의 경쟁력이 선진국에 비해 떨어지는 이유는 학업의 목표가 점수, 성적, 학점 등 평가목표에 치우쳐 있어서 새롭고 흥미 있는 과제에 도전하려는 학습목표가 취약하기 때문이다. 그러면 우리나라 아이들이 이러한 학업태도를 보이게 된 데는 누구의 영향이 컸을까?

부모나 교사의 태도가 아이들이 목표를 설정하는 데 직접적인 영향을 준다. 아이에게 학습목표를 심어주기 위해서는 부모가 어제보다 나아진 것, 아이가 기울이는 노력, 오늘 해낸 것을 이야기하고 인정해주어야 한다. 노력과 과정, 행동에 칭찬을 해주면 아이들은 대부분 어렵지만 자신이 좀 더 배울 수 있는 것에 도전한다.

"똑똑하다", "머리가 좋다" 등 자신의 능력에 대한 칭찬을 들은 아이는 자신이 못했을 때 '난 머리가 나쁘다', '능력이 없다' 라고 생각한다. 아이의 능력을 칭찬하면 아이는 능력을 인정받기 위한 목표를 가지게 되고 배울 수 있는 어려운 과제를 회피하게 된다.

앞의 사례에서 본 성식이 엄마는 아이의 공부를 평가목표에 두고, 성적이 잘 나오면 아이를 칭찬하고 성적이 나쁘면 아이를 혼내서 공부하게 만들었다. 아이는 배우는 즐거움보다는 성적을 올리기 위한 공부를 하게 될 것이다. 아이는 학습에 흥미를 느끼기보다는 점수만 잘 받으면 된다는 공부 태도를 형성하게 될 것이다. 깊이 있고 심화된 공부를 하기보다는 시험에 잘 나오는 유형 위주로 공부하다 보면 다루어 보지 않은 어려운 문제나 응용문제에 도전할 엄두를 내지 못한다.

아이에게 학습목표를 갖게 하려면 우선 부모가 배우는 것 자체를 가치 있게 여기고 아이들에게도 "100점 맞아라"라고 말하기보다는 "모르는 것을 알아가는 즐거움"을 느끼도록 해주어야 한다. 아이들이 배우기 위해 노력하고 새로운 도전을 할 때 긍정적으로 받아들여야 한다. "몇 점 맞았니?"라고 묻기보다는 "무엇을 알게 되었니?"라고 물어서 부모가 배우는 것을 가치 있고 소중하게 생각한다는 것을 아이에게 보여주어야 한다. 아이들 마음속에 학습목표에 대한 가치를 심어주면 꾸준하게 공부할 수 있는 힘이 생긴다.

남이 시켜서 하는 공부에는 한계가 있다. 배우고 싶다는 내적인 동기가 약하기 때문에 어려운 과제를 만나면 쉽게 지치고 포기해 버린다. 인간은 태어날 때부터 학습동기를 가지고 나온다. 아이가 접하는 세상 모든 것들이 학습의 소중한 도구가 된다. 의도하지 않은 학습 효과는 의도한 학습보다 7배의 효과가 나타난다고 한다. 부모가 아이들 공부를 성적이라는 잣대로만 평가하지 말고 배움 자체를 가치 있고 즐겁게 받아들인다면 아이는 배움의 자세를 잃지 않고 자신의 능력을 향상시켜나갈 것이다.

공부 의욕을
북돋워주자

우리나라 부모의 아이 교육열은 무척 뜨겁다. 부모는 아이를 남보다 빨리, 더 많이 공부시켜서 똑똑한 아이로 키우고 싶어 한다. 또는 내 아이가 다른 아이들에게 뒤처질까봐 초조해서 각종 사교육에 의존하게 된다. 요즘 아이들은 너무 이른 시기부터 공부의 맛을 보게 된다. 그런데 아이가 경험하는 공부의 맛이 달콤하고 재미있고 신나고 호기심이 생기고 흥미가 있는지, 아니면 씁쓸하고 재미없고 힘들고 흥미가 없는지에 따라 공부 결과는 다르게 나타난다.

초등학교 5학년인 아람이는 여러 학원에 다니고 있다. 영어, 수학은 물론 논술, 바이올린 학원에 다니고 학습지도 한자, 국어,

사회 세 과목을 하고 있다. 최근에 아람이는 영어학원에 안 가겠다면서 "미국을 폭파하겠다, 영어를 깨부수겠다"는 말을 하며 거칠게 엄마에게 대들었다. 지금까지 아이는 공부를 무척 잘해왔고 영어도 높은 수준까지 올라와 있었다. 지금 영어학원을 그만두면 지금까지 해온 공부가 너무 아깝고 또 영어 실력이 떨어질까봐 엄마는 불안하여 아이의 요구를 들어줄 수 없었다.

아람이 엄마는 아람이와 매일 싸우며 억지로 등을 떠밀어 학원에 보내고 있었다. 그런데 영어학원에서 연락이 왔다. 아람이가 한 달 동안 학원에 늦게 오거나 오지 않는 날도 있고 과제도 잘해오지 않는다는 것이었다. 엄마는 기가 막혔다. 엄마를 속인 것이 밉기도 하고 아이를 어떻게 설득해야 할지 막막하기만 했다.

엄마는 그 방법을 찾기 위해 부모교육 프로그램에 참여하였다. 부모교육을 통해 알게 된 것은 지금까지 아이의 공부를 엄마 힘으로 끌어왔다는 것과 앞으로는 이 방법이 쓸모가 없다는 것이었다. 아이는 이제 스스로 원하지 않으면 공부하지 않으려고 할 것이다. 그간 엄마의 노력으로 아이의 공부 능력은 우수한 수준으로 올라와 있었다. 그러나 공부 능력은 우수할지라도 아이 스스로 공부의 의미를 깨닫고 '공부를 하고 싶다, 공부가 나에게 필요하다'는 동기를 갖지 못하면 앞으로 더 어려운 공부를 해낼 수 없게 된다.

부모들은 보통 아이가 좋은 학원에 다니고 공부를 많이 하면 실력이 좋아져서 공부를 잘할 것이라고 생각한다. 그래서 좋은 학원 정보를 찾기 위해 열을 올린다. 그러나 사람은 기계가 아니다. 공부할 때 아이는 밖에서 들어오는 자극을 컴퓨터처럼 수동적으로 받아들이는 것이 아니라 정서를 동반하여 받아들이게 된다.

공부가 재미있고 흥미 있어서 호기심이 생기고 더 배우고 싶은 마음이 생긴다면 아이는 적극적으로 배우려고 할 것이다. 반대로 공부가 재미없고 어렵게 느껴진다면 아이는 공부를 소극적으로 하게 된다. 훌륭한 선생님, 좋은 교육 환경이 제공되어도 아이 스스로 공부의 주체가 되어 공부하려는 의지가 없다면 공부는 효율성이 생기지 않는다. 아이가 스스로 공부하려는 자기주도적 학습자가 되려면 공부하고 싶다는 내적 동기가 있어야 한다. 부모는 아이에게 외적인 물리적 환경뿐 아니라 공부에 대한 내적인 동기

261

향상에 힘을 기울여야 한다.

스스로 동기가 생기지 않는 공부를 강요에 의해 억지로 하다 보면 공부가 아이에게는 '혐오자극'이 되어버린다. 공부에 대한 기억이 부정적이어서 공부라는 단어를 떠올리기만 해도 지겹고 하기 싫고 혐오스럽다고 생각한다.

초등학교 때 부모의 힘으로 아이의 공부를 끌어온 경우 아이가 중·고등학교에 가서 공부에 흥미를 잃고 방황하는 모습을 자주 목격하게 된다. 공부를 하지 않으면 공부에 대한 지식만 없을 뿐이다. 그 지식은 필요할 때 공부해서 내 것으로 만들면 된다. 그러나 흥미 없는 공부를 강요해서 하게 되면 공부의 효과도 없을뿐더러 공부에 대한 부정적 경험이 누적되어 공부가 더욱 싫어지게 된다.

예전에는 "물고기를 잡아주지 말고 물고기 잡는 법을 가르쳐 주어라"고 방법론을 강조하였다면, 요즘에는 "물고기 잡는 방법보다도 물고기가 필요하다고 느끼도록 하라", "물고기를 잡고 싶다는 마음이 들도록 하라"라고 동기를 강조한다. 물고기가 필요하다는 생각, 물고기를 잡고 싶다는 마음이 곧 동기다. 공부에 대한 동기가 우선되어야 공부 방법을 익히고 꾸준히 공부해나갈 수 있다.

아이의 수준을 파악한다

학습 능력은 아이마다 차이가 있다. 너무 앞서는 아이를 기준으로 삼기보다는 우리 아이의 수행 수준이 어느 정도인지를 객관적으로 파악하여 아이의 수준에 적당한 공부를 하도록 도와주어야 한다.

그 기준의 예로는 수학 10문제 중 7~8개 정도를 맞힐 수 있는 수준이면 아이 능력에 적당하다. 9문제 이상 맞힌다면 아이에게 공부가 너무 쉬워서 공부를 건성으로 하거나 대충 해치우게 된다. 또 6문제 이하로 맞힌다면 아이는 좌절감을 느낀다. 아이는 자신이 공부를 못한다고 느끼거나 공부가 너무 어렵다고 생각해서 공부에 흥미를 잃는다. 흥미를 잃으면 공부하고 싶은 마음이 들지 않는다.

10문제를 풀었을 때 7~8개 정도를 맞힐 수 있어야 2~3개 정도의 문제를 좀 더 알아보고 배우고 싶다는 동기를 갖게 된다. 더 집중하여 문제를 다시 풀어 맞히게 되면 아이는 성취감이 올라가서 공부를 더 하고 싶어진다. 아이는 알아가는 기쁨을 느끼며 공부에 대한 동기를 더욱 강화할 수 있게 된다.

아이가 하고 있는 공부를 점검해보자. 그 공부를 하면서 아이는 성취감을 쌓고 공부가 재미있다고 느끼고 있는가? 아니면 좌절감을 느끼고 공부에 흥미를 잃어가고 있는가? 꾸준히 공부하는 주도적 학습자가 되기 위해서는 지금 남보다 더 많이 하고 빨리하는 것이 중요하지 않다. 아이 내면에 공부에 대한 긍정적인 태도가 형성되는 것이 우선이다.

아이가 원하는 학습방법을 찾는다

공부를 하려면 반드시 학원에 가야 하거나 학습지를 풀어야 하는 것은 아니다. 아이에 따라 여럿이 모여서 공부하는 학원이 좋을 수도 있고, 혼자 조용히 공부하는 것이 더 좋을 수도 있다. 정해진 매뉴얼에 따라 학습지를 하는 것이 편한 아이도 있고, 자신이 선택한 책을 스스로 양을 정해 공부하는 것이 좋은 아이도 있다.

남들이 좋다고 하는 학원이나 학습지에 의존하기보다는 우리 아이의 특성을 잘 파악하여 아이에게 맞는 공부 방법을 찾을 수 있도록 도와주어야 한다. 친구를 좋아하는 사교적인 아이는 친구와 함께하는 공부가 재미있을 것이다. 외향적인 아이는 여럿이 경쟁하는 공부가 더 흥미 있고, 내향적인 아이는 혼자 공부하거나 친한 친구 한두 명과 하는 공부가 더 좋다.

아침에 일찍 일어나는 아이는 아침 공부가 효과적이고, 밤에 늦게 자는 아이는 저녁 공부가 더 효과적이다. 아이와 꾸준히 대화하면서 아이에게 잘 맞는 '나만의 공부법'을 찾아야 한다.

아람이 엄마는 초등학교 5학년인 아람이의 공부 방법에 문제가 있었음을 깨닫고 다른 방법을 찾기 위해 대화를 나누었다.

아람: 나 영어학원 가기 싫어요.

엄마: 영어학원 가기 싫은 이유가 있니?

아람: 너무 힘들어요. 내용이 어려워서 알아듣기도 힘들고 단어가 어려워서 외워도 다 잊어버려요.

엄마: 지금 하는 공부 수준이 너한테 너무 높은 것 같다.

아람: 그러니까 영어학원 끊을래요.

엄마: 그렇게 영어가 힘들구나. 근데 영어를 안 하면 금방 잊어버리게 될까봐 걱정되는데……

아람: 그래도 영어학원은 너무 싫어요. 영어만 생각하면 토할 것 같아요.

엄마: 그 정도면 영어학원에 다닐 수 없지. 그럼 영어학원에 안 다니고 공부할 수 있는 방법을 생각해볼까?

아람: 좋아요. 학원에 안 다닌다고 공부를 안 하는 건 아니잖아요.

엄마: 그렇지. 아람이는 어떤 방법이 좋겠어?

아람: 집에서 테이프 들으면서 하고 싶어요. 그렇게 하는 친구도 있어요.

엄마: 그럴까? 그럼 매일 30분씩만 공부하자.

아람: 좋아요.

아람이 엄마는 아람이와 대화를 나눈 뒤 아람이가 힘들어하는 공부를 정리하도록 도와주었다. 아이가 해낼 수 있을 만큼 공부를 꾸준히 하다 보면 공부 능력과 의욕이 함께 올라가서 스스로 공부하는 주도적 학습자가 된다. 부모가 너무 서둘러서 아이의 공부의 동기를 떨어뜨리지 않도록 주의하자.

초등학교 5학년인 승아는 요즘 수학학원 가기를 싫어한다. 수학학원 가는 날이면 투정이 많아지고 짜증을 부리기 일쑤다. 엄마는 이런 승아를 보면 답답하고 화가 난다. 공부는 점점 어려워지는데 승아는 수학에 흥미를 잃어가는 것 같아 안타깝고 걱정스럽다. 승아와 매번 공부 문제로 부딪치는 데도 지쳤다.

승아: 나 수학학원 가기 싫어요.

엄마: 무슨 소리야? 학원에 안 가면 어쩌려고?

승아: 학원이 너무 힘들단 말이에요.

엄마: 쉬운 공부가 어딨어? 힘들어도 참고 해내야지.

승아: 학원에 가는 건 정말 싫어. 집에서 하고 싶어요.

엄마: 그게 말이 되니? 너 지난번에 집에서 혼자 하고 싶다고 해서 학원 끊었었지. 근데 어떻게 됐어? 성적이 많이 떨어졌잖아.

승아: 이제는 잘할 수 있단 말이에요. 친구들도 학원에 안 다니고 혼자 공부해요.

엄마: 넌 안 돼. 그러니까 학원에 가.

매번 엄마는 승아와 학원에 가는 문제로 이렇게 실랑이를 벌인다. 학원에 가지 않겠다는 아이와 학원에라도 보내서 성적을 올리게 하고 싶은 엄마의 줄다리기는 서로 지치게 만든다.

아이가 학원에 가는 것을 힘들어하거나 공부에 흥미를 보이지 않을 때는 부모가 강제로 밀어붙여서 공부하게 해서는 안 된다. 공부는 아이 자신이 하는 것이므로 학원에 가서 앉아 있는다고 공부가 저절로 되는 것은 아니다.

아이에게 맞지 않는 강요된 학습 방법이 오히려 공부에 흥미를 잃게 만들 수도 있다. 아이가 학원 공부를 힘들어한다면 아이와 충분히 대화하여 그 이유를 들어보고 아이에게 맞는 공부 방법을 찾아 즐겁게 공부할 수 있도록 도와주어야 한다.

승아: 나 수학학원 가기 싫어요.

엄마: 학원이 힘들어?

승아: 네. 공부가 너무 어렵고 숙제도 너무 많고 모르는 거 질문하려면 친구들 눈치가 보여요.

엄마: 지금 네가 하는 수학이 네 수준에 비해 너무 어려운가 보다.

승아: 나보다 잘하는 애들 보면 기가 죽는다고요. 그러니까 학원에 가기 싫어요.

엄마: 그럼 학원에 안 가고 수학 공부를 어떻게 하면 좋을까?

승아: 집에서 혼자 하고 싶어요.

엄마: 넌 네 속도에 맞춰서 공부를 천천히 하고 싶구나. 근데 지난번에

너 혼자 하겠다고 했는데 잘 안 됐잖아. 왜 그랬던 것 같아?

승아: 공부할 양을 정하지 않고 그때그때 대충 해서 그런 것 같아요.

그리고 어려운 문제를 혼자 풀려고 하니까 힘도 들고, 어떻게 공

부해야 할지 모르겠어요.

엄마: 그럼 엄마랑 공부할 양을 정하고 매일 엄마가 확인해 줄까?

승아: 좋아요. 근데 어려운 문제는 어떻게 할까요?

엄마: 엄마도 도와주기가 힘들고…… 학습지 선생님하고 해볼래?

승아: 네. 선생님이 차근차근 알려주시면 좋겠어요.

엄마: 그래, 네 수준에 맞춰서 학습지를 시작해보자. 매일 네가 할 수

있는 만큼 공부 양을 정하고 네가 정한 만큼 잘 해내면 엄마가

한 달에 한 번 선물 쏠게.

승아: 네. 이번에는 잘할 거예요.

엄마는 승아가 친구와 여럿이 공부하기보다는 혼자서 자신의
속도에 맞춰 공부하고 싶어 한다는 것을 알게 되었다. 그 후 아이
가 부진한 부분을 세세하게 알려줄 수 있는 선생님의 도움을 받아
차근차근 공부하면서 수학에 자신이 붙게 되었다.

공부에도
때가 있다

장미꽃이 예쁘고 탐스럽게 피어나기 위해서는 적절한 수분과 햇빛이 공급되어야 한다. 꽃의 색깔과 모양은 꽃이 개화하기 전 5분간의 햇빛의 양에 의해 결정된다고 한다. 꽃망울을 터뜨리기 직전 5분 동안 얼마만큼 적절한 햇볕을 쪼였느냐에 따라 꽃의 아름다움이 달라지는 것이다. 꽃이 가장 탐스럽게 피어나기 위해서는 꽃이 필요한 적시에 빛을 쪼여야 하듯 아이가 공부를 잘할 수 있는 가장 적절한 시기에 공부할 수 있는 환경을 만들어주는 '적시교육'이 중요하다.

공부를 일찍 시작한다고 해서 공부를 잘하는 것은 아니다. 오히려 준비되지 않은 아이에게 과도한 학습을 시키게 되면 공부에 흥미를 잃어버리기 쉽다. 부모는 아이에게 적절한 공부 환경을 만들어주고 공부에 흥미와 자신감을 쌓아나가도록 도와주어야 한다.

저학년은 공부에 대한 태도와 습관을 형성하는 시기다

초등학교에 입학하면 본격적으로 공부하기 시작한다. 부모는 아이가 학교에 입학하면 설렘과 뿌듯함도 느끼지만 걱정스러운 마음도 많다. 아이가 학교생활을 잘할 수 있을까, 친구들과 잘 지내고 공부를 잘 해낼까 하는 불안함을 느낀다.

아이들은 생애 최초로 큰 집단에서 타인과 더불어 생활하는 것을 배운다. 부모가 아이를 걱정하는 것 못지않게 아이 자신도 두려움을 갖는다. 부모가 자칫 마음이 앞서서 아이를 다그치거나 아이에게 과도한 기대를 하게 되면 아이들은 스트레스에 시달리게 되어 학교 부적응 증상이 나타나기도 한다.

1, 2학년 교과서를 보자. 아이들이 학교에서 배우는 공부의 양은 많지 않다. 글자도 얼마 되지 않고 그림이 훨씬 더 많다. 일 년간 배우는 학습량은 부모가 걱정하고 염려하는 것보다 적다. 아이에게 공부에 대한 부담을 과도하게 지우지 말고 아이가 공부를 긍정적으로 생각하고 바른 공부 습관을 만들어가도록 도와주어야

한다. 이 시기에 아이가 공부에 대해서 긍정적인 태도를 형성하고 공부 습관이 잘 잡히면 고학년은 물론 중·고등학교에 가서도 어려운 공부를 스스로 잘해낼 수 있게 된다.

생활규칙을 만든다

요즘 아이들은 정말 바쁘다. 저학년 아이들은 학교에서는 일찍 끝나지만 방과 후에 하는 활동이 많아 집에 돌아오는 시간이 직장인과 비슷할 정도다. 방과 후 활동을 13개나 하는 아이를 본 적이 있다. 주말과 휴일에도 쉬지 못하고 배우러 다니는 이 아이는 심한 정서장애와 우울증이 있었다. 아이는 무기력했고 어떤 것에도 흥미를 보이지 않았다. 걱정스러운 것은 부모가 문제의 심각성을 전혀 깨닫지 못하고 무조건 더 많이 시키면 잘하게 될 것이라고 믿는 것이었다.

초등학교 저학년 아이들에게 중요한 것은 학교생활을 중심으로 한 생활 습관과 규칙을 몸에 익숙해지도록 반복 훈련하는 것이다. 너무 많은 것을 배우느라 집에 돌아오는 시간이 일정하지 않거나, 숙제를 못해서 잠자는 시간이 불규칙해져서는 안 된다.

정해진 시간에 자고 일어나기, 시간에 맞춰 학교에 가기, 학교에서 돌아오면 알림장과 숙제 확인하기, 숙제하기, 놀기, 정한 시간에 식사하기 등을 엄마와 함께 규칙을 정해 반복적으로 실천해야 한다. 반복적인 행동이 습관을 만든다. 습관을 바꾸기는 무척 어렵다는 것을 성인들은 알고 있다. 수십 년간 몸에 굳어진 습관을 바꾸려면 많은 노력을 기울여야 한다. 특히 나쁜 습관이 몸에 배면 그 습관에 끌려서 살아가게 된다. 나쁜 습관에 끌려가며 살다보면 삶의 활력이 사라진다. 행동이 바뀌면 습관이 바뀌고 습관이 바뀌면 삶이 바뀐다고 하지 않는가?

습관은 하루아침에 만들어지지도 않지만 하루아침에 바뀌지도 않는다. 아이들이 공부 습관을 형성해가는 이 시기에 바른 생활 습관을 만들어가도록 부모는 아이와 함께 노력해야 한다. 이 시기에 많이 배우는 것은 중요하지 않다. 아이가 좋아하는 것 한두 가지 정도를 배우고 그날 학교에서 배운 것을 정리하고 마무리하도록 해주어야 한다.

초등학교 1학년인 명식이는 엄마에게 거칠게 반항하고 엄마의 말은 무조건 거부하는 아이였다. 시간이 나면 게임에만 몰두해서 엄마는 걱정이 많았다. 부모교육 프로그램에 참여한 명식이 엄마는 자신의 아이 양육 방법에 문제가 많았음을 깨닫게 되었다.

명식이의 하루 생활을 살펴보니 저녁 6시가 되어서야 집에 돌아올 수 있었다. 엄마가 짜준 하루 일과는 숨쉬기 힘들 정도로 빡빡했다. 1학년이면 학교에서 1시 이전에 끝나지만 명식이는 학교가 끝나면 바로 학원 셔틀버스를 타고 이동해서 오후 일정을 소화해야 했다. 명식이가 배우는 것을 살펴보니 영어, 수학, 태권도, 피아노, 컴퓨터, 미술, 독서논술 등이었다. 아이가 저녁 6시가 되어 돌아오면 지쳐서 아무것도 하지 않으려 했지만 엄마는 학습지를 비롯해 학원숙제를 하도록 강요했다.

명식이 엄마는 담임선생님과 면담을 하고 충격을 받았다. 명식이가 학교에서 공부에 흥미를 보이지 않고 수업시간에 집중을 하지 못할뿐더러 모둠 활동을 할 때도 소극적으로 참여하고 조금 어려운 과제를 주면 쉽게 포기해버린다는 것이었다. 엄마는 지금껏 명식이의 공부를 위해 투자를 많이 해왔는데 아이는 엄마가 기대하는 것과는 정반대로 생활하는 것에 심한 좌절감을 느꼈다.

명식이 엄마는 아이가 다섯 살이 되기 전부터 공부를 시켰고 두뇌발달에 좋다는 영재교육 정보를 찾아다녔다. 그런 노력이 헛되었다는 것을 알게 되었다. 학교 담임선생님은 명식이 엄마에게 이렇게 말했다고 한다.

"얼마나 많이 배우고, 얼마나 많이 아느냐는 중요하지 않습니다. 의욕이 있고, 학교생활을 즐겁게 생각하고, 친구와도 잘 지내야 공부를 잘할 수 있게 됩니다. 아이를 긍정적으로 키우세요."

엄마는 자신의 방법이 잘못되었음을 알고 방향을 바꾸기 위해 노력하는 중이다. 명식이는 초등학교 1학년답지 않게 마음속에 불만과 분노가 가득 쌓여 있었다. 특히 놀지 못하는 것에 대한 분노가 많았다. 매일 바쁜 일정에 쫓겨 지내다보니 친구와 놀 수 있는 시간이 없었던 것이다. 명식이 엄마는 방과 후 프로그램을 아이가 원하는 만큼만 하기로 했다. 엄마는 아이가 싫어하는 활동을 그만하도록 했다. 그러자 아이에게 시간 여유가 생기니 표정에 활기가 돌기 시작했다. 학교에서 곧바로 학원으로 가던 생활을 바꿔 집에 와서 엄마와 이야기하는 시간을 늘리고, 숙제도 같이하며, 학교 준비물을 미리 확인하는 등 엄마와 같이 있는 시간을 늘렸다. 아이는 1학년이 끝나갈 무렵 수업 태도가 놀라울 만큼 달라졌고 학교생활을 즐거워하게 되었다.

독서습관을 길러준다

아이들 중에는 책 읽기를 좋아하는 아이도 있고 좋아하지 않는 아이도 있다. 그런데 책을 싫어하는 아이는 없다고 한다. 단지 아이가 흥미 있어 하는 책을 부모가 모를 뿐이다. 부모라면 누구나 자기 아이가 책을 좋아하기를 원할 것이다. 아이가 책을 좋아하려면 부모가 만들어주는 책 읽는 환경이 중요하다.

초등학교 3학년 이후가 되면 책을 좋아하는 아이와 싫어하는 아이가 나뉜다. 아이들이 태어나서 10여 년 동안 부모가 만들어준 책 환경이 이후 아이의 독서습관에 큰 영향을 준다. 4학년 이상이 되면 책의 수준도 높아지고 책을 좋아하는 아이들은 다양한 분야의 책을 접하며 독서 경험을 넓혀 나간다. 독서능력이 좋은 아이가 공부를 잘할 확률이 높다. 책을 통해 문자 정보를 이해하는 능력이 좋아지면 공부에 어려움을 느끼지 않는다. 그러므로 독서에 부담이 없는 초등 저학년 시기에 좋은 독서습관을 키워주어야 한다.

자극적인 매체에 노출되지 않도록 한다

독서습관이 충분히 형성되기 전에는 지나치게 자극적인 매체에 아이가 노출되는 것을 막아야 한다. 컴퓨터 게임이나 TV 등을 너무 일찍 접하면 시각적으로 자극적인 매체보다 훨씬 밋밋한 책 보는 것을 지루하고 따분하게 느낀다. 아이가 초등학교 입학 전까지는 가급적 컴퓨터에 접하지 않도록 하는 것이 바람직하다. 엄마가 아이를 돌보기가 힘들고 지쳐서 아이에게 TV를 켜 주거나 게임을 하게 한 경우, 아이들이 컴퓨터 중독 증상을 많이 보였고 책에 대한 흥미도 떨어졌다.

일곱 살 된 수민이는 하루에 5시간 이상 게임을 하고도 컴퓨터를 끄려고 하면 분노로 발작했다. 수민이 엄마는 둘째 출산 후 육아가 힘들어서 아이에게 수시로 컴퓨터를 하게 해주었다. 컴퓨터 게임을 하는 동안은 아이가 엄마를 귀찮게 하지 않아서 엄마가 쉴 수 있었기 때문이다. 엄마는 아이가 컴퓨터에 몰입하는 것을 보며 집중력을 길러줄 수 있으리라 생각했지만 아이는 컴퓨터가 아니면 어느 것에도 집중하지 못하는 중독 증상까지 보이게 되었다.

아이의 뇌는 변해가기 때문에 외부의 자극은 뇌에 영향을 준다. 아이의 뇌가 발달해가는 중요한 시기에 어느 한 부위만을 자극하면 정상적인 발달을 하기 힘들어진다. 컴퓨터에 중독된 아이들은 더욱 강한 자극을 원하게 되어 잠시라도 지루한 시간을 견디지 못하게 된다.

아이의 뇌 발달을 도와주기 위해서는 아이가 컴퓨터를 배우기 전에 책과 자연을 접하도록 해주어야 한다. 책을 읽어주며 부모와 상호작용을 하고 자연 속에서 놀이를 하면 아이의 정서와 인지가 뇌를 균형 있게 발달하도록 도와준다.

컴퓨터는 아이가 책을 좋아하고 책을 읽으면서 공부하는 습관이 생긴 이후에 접해도 늦지 않다. 아이들이 컴퓨터 배우는 속도는 무척 빠르다. 우리 아이는 학교에 입학하기 전까지 컴퓨터를 접하지 않았는데 입학한 후 빠른 시간에 컴퓨터 조작 방법을 배우고 활용할 수 있게 되었다.

엄마가 책을 읽어준다

아이들은 1학년이 되면 받아쓰기 훈련을 한다. 맞춤법에 맞추어 우리말 어법에 맞게 글을 쓰는 것은 중요하다. 그런데 저학년 아이들에게 쓰기에 대해 지나치게 부담을 주면 글쓰기에 대한 흥미를 잃어버린다.

모국어는 초등학교 3학년에 완성된다고 한다. 3학년까지 우리말을 맞춤법에 맞도록 연습하면 되므로 저학년 아이들에게 쓰기에 대한 부담을 주지 않도록 해야 한다. 쓰기를 강요하기보다는 많이 듣고 읽게 하는 것이 더욱 중요하다.

듣기와 읽기는 수용언어(입력)이고, 말하기와 쓰기는 표현언어(출력)다. 수용언어가 풍부해져야 표현언어가 다양해진다. 입력이 잘 되어야 출력이 잘 될 수 있으므로 아이가 말로 표현을 잘하고 글쓰기를 잘하도록 하려면 부모가 이야기를 많이 들려주고 책을 읽도록 도와주어야 한다.

가장 좋은 방법은 엄마가 일정한 시간을 정해 아이에게 책을 읽어주는 것이다. 엄마의 목소리로 이야기를 듣는 동안 아이들은 먼 상상의 나라로 빠져들어간다. 아이가 엄마의 이야기를 집중해 들으면 듣기 능력이 좋아지고 집중력도 좋아진다. 초등학교 3학년까지는 엄마가 읽어주는 독서교육이 중요하다. 아이는 엄마와 상호작용을 하면서 독서에 대한 흥미를 키워가게 된다. 아이에게 읽어주는 책은 아이의 눈높이와 흥미를 고려하여 아이가 재미있게 받아들일 수 있는 것으로 선택하면 된다.

책을 학습 도구로만 생각하지 말고 즐거움과 재미를 느끼도록 해주어야 아이는 책을 좋아하게 된다. 아이 수준에 맞는 책을 골라주면 아이는 스스로 책 읽는 재미를 느끼게 될 것이다.

초등학교 저학년 아이들의 독서교육은 쓰기보다는 읽고 말하기에 더 중점을 두어야 한다. 이 시기에 아이들이 읽고 말하기가 충분해지면 고학년이 되어서 쓰기에 대해 부담을 갖지 않는다. 글을 쓴다는 것은 어법에 맞게 글을 쓰는 것뿐만 아니라 자신의 생각을 글로 표현하는 고도의 정신활동이기도 하다. 고학년이 되어야 사고력이 발달하고 글쓰기 능력도 좋아지므로 저학년 아이에게 쓰기에 대한 부담을 주지 말고 즐겁게 읽고 신나게 말할 수 있는 기회를 많이 주자. 책을 읽은 후에는 독후감 쓰기를 강요하지 말고 이야기 나누기, 그림으로 그려보기, 만화로 표현하기 등 다양한 활동을 해서 책에 대한 즐거운 기억을 많이 갖도록 해주자.

고학년이 되면 폭넓은 공부를 할 수 있어야 한다

저학년 때 공부 습관이 잘 만들어지면 공부가 어려워져도 공부에 부담을 느끼지 않고 스스로 공부해나갈 수 있게 된다. 5학년쯤 되면 공부의 양도 늘어나고 제법 심화된 학습을 하게 된다. 이제부터는 정해진 틀에서만 공부하는 것이 아니라 다양한 학습방법을 익혀가야 한다.

모르는 것이 있거나 호기심이 있는 것들은 관련 도서를 찾아보고 백과사전을 보면서 내 것으로 받아들일 줄 알아야 한다. 학교에서 내주는 숙제도 탐구 과제가 많으므로 적극적으로 과제를 완성하도록 해야 한다. 모둠단위로 하는 탐구활동을 하면서 좀 더 심화된 지식을 습득할 수 있고 다양한 학습 방법을 익힐 수 있다.

학교숙제는 학원숙제와 성격이 다르다. 학원숙제는 수동적인 과제이지만 학교숙제는 문제해결력과 창의력을 요구하는 심화된 탐구과제가 많다. 학원숙제에 밀려 학교숙제가 등한시되지 않도록 부모는 학교숙제를 점검하고 아이가 성실하게 수행해나가도록 도와야 한다.

자기 탐색의 기회를 준다

초등학교 5학년 정도가 되면 아이들의 성향이 드러나기 시작한다. 아이가 좋아하고 선호하는 것이 좀 더 분명해지고, 두드러지는 부분도 부각되기 시작한다. 어떤 아이는 수학이나 과학을 좋아하고, 어떤 아이는 국어를 좋아한다. 음악이나 미술, 운동에 재능을 보이는 아이도 있고, 공부는 부족해도 또래 사이에서 인기가 많고 유머가 풍부한 아이도 있다.

아이의 성향이 드러나기 시작하는 이 시기부터 아이가 자신을 탐색할 수 있는 기회를 주면 좋다. 학교에서 하는 인성검사나 심리검사, 성격검사를 참고로 아이의 상태를 점검하도록 하고 부모도 아이에게 관심을 많이 기울여야 한다. 단체활동으로 자신을 발견하는 기회를 갖고 또래 집단 속에서 소속감과 유능감을 키워나가도록 해준다.

아이에게 맞는 진로를 탐색할 기회를 주면 아이는 자신의 강점을 발견해 꿈과 연결하여 직업이나 전공을 결정하는 데에 도움을 받는다. 아이들에게 아무런 이유 없이 공부를 하게 해서는 안 된다. 이 시기가 되면 부모에게 대들고 반항하기도 하며 '공부하라'는 부모의 요구에 이유를 따져 묻기도 한다.

자신의 성향을 잘 알고 강점을 이용해 미래의 꿈과 연결지을 수 있어야 공부의 목표를 세울 수 있다. 아이가 뚜렷한 꿈과 목표를 갖기에는 아직 이르다. 부모는 아이가 자기 자신에 대해 긍정적인 자아상을 세울 수 있게 아이의 강점을 발견하도록 도와주고 자아 성장을 도와줄 수 있는 단체활동에 참여할 기회를 주면 좋다.

아이와 좋은 관계를 만든다

고학년이 되면 성장이 빠른 아이는 2차 성징이 나타나기 시작하고 사춘기에 접어든다. 이제는 부모가 이래라저래라 한다고 해서 부모의 말을 듣지는 않는다. 부모의 힘보다 아이의 힘이 더 강해지기 시작하는 시기이므로 부모가 힘으로 아이를 제압하려 하면 아이와의 관계가 어긋난다.

이 시기는 부모가 아이와 원만한 소통 관계를 맺는 것이 중요하다. 아이의 말을 잘 들어주고 마음을 잘 수용해주는 부모를 통해 아이들은 심리적인 어려움을 이겨나갈 수 있다. 공부 습관이 흐트러지기도 하고 좋아하는 것에 빠져서 부모에게 이유 없는 반항을 하기도 하므로 아이의 행동을 문제로 보지 말고 힘든 상황을 도와주려는 자세가 필요하다. 부모가 상담자 역할을 하며 아이와 소통을 유지하여야 사춘기의 터널을 잘 넘어갈 수 있다.

아이가 스스로
할 수 있기 전에는
부모가 도와준다

부모는 잔소리하지 않아도 아이가 스스로 알아서 해내기를 원한다. 엄마의 손이 가지 않아도 자기 일을 잘해내면 엄마는 아이가 예쁘고 사랑스러울 수밖에 없다. 모든 부모는 아이가 이렇게 되기를 바란다.

그런데 아이가 몇 살이 되어야 스스로 알아서 잘할 수 있게 되는 걸까? 아이들마다 발달 속도에 차이가 있지만 보편적으로 자기 일을 스스로 인식하고 타인의 지시 없이도 알아서 해내려면 초등학교 4학년은 지나야 가능하다. 남자아이는 여자아이에 비해 발달의 속도가 평균 일 년 정도 늦기 때문에 좀 더 여유 있게 생각해야 한다. 초등 저학년까지는 부모의 적극적인 도움과 개입이 필요하다. 아이에게 아무런 노력을 기울이지 않았는데도 어느 순간 저절로 자신의 일을 잘해내기는 어렵다. 저절로 생활습관이 형성되고, 저절로 공부가 잘 되지는 않는다. 아이가 도움 없이 스스로 할 수 있기 전까지는 부모가 아이에게 필요한 것을 적절하게 도와주자.

초등학교 1학년인 선태의 엄마는 선태가 집중력이 약해서 고민이다. 숙제를 하게 하고 한 시간 후에 방에 들어가 보면 아무것도 해놓지 않고 딴짓을 하고 있다는 것이다. 아이를 혼내고 옆에서 지켜보면 그제야 겨우 숙제를 마친다고 한다. 엄마는 숙제를 하라고 매일 잔소리를 되풀이해야 하고, 엄마가 옆에 없으면 전혀 과제 수행이 안 되는 아이 때문에 마음이 답답하다.

선태가 성인이 아니라 초등학교 1학년 아이임을 감안할 때 아이를 방에 혼자 있게 하고 공부하라고 하면 공부를 잘할 수 있을까? 거실에서는 TV 소리가 들려오고, 부엌에서는 동생이 엄마와 노는 소리가 들려온다면 아이는 공부에 집중하기가 어렵다. 초등 저학년 아이들은 혼자 공부에 집중하기는 힘든 나이다. 부모가 함께 있어주면서 정해진 학습 양을 마칠 수 있도록 도와야 한다. 한 시간 이상 앉아서 공부하게 하는 것도 아직 힘들다.

초등학교 1학년 아이의 집중력은 15분이라고 한다. 학년이 올라갈 때마다 15분씩 늘어나서 6학년이 되면 1시간 30분까지 집중해서 공부할 수 있게 된다. 아이의 능력에 맞지 않는 학습 양과 시간을 조정하고 부모가 공부를 도와주면 아이는 공부에 흥미와 자신감이 형성되어 초등학교 고학년이 되면 좋은 공부 습관이 만들어질 것이다. 엄마는 선태와 함께 학습 스케줄을 다시 조정해서 꾸준히 실천하기로 했다.

공부하기 가장 좋은 시간과 공부 분량을 정한다

공부 시간이 되면 TV를 끄고 공부할 수 있는 조용한 집 안 환경을 만들어준다. 집 안이 떠들썩하면 산만한 아이는 더욱 집중하기가 어렵다. 엄마는 아이와 함께 의자에 앉아서 아이가 공부하는 모습을 지켜본다. 초등학교 저학년 아이는 엄마가 옆에서 지켜보면서 지시해주면 과제를 잘 수행한다.

엄마는 아이의 도우미라는 사실을 잊지 말아야 한다. 엄마는 학습주체가 아니다. 학습은 아이가 주체가 되어서 하는 것이지만 아직 온전히 혼자 하기는 힘들기 때문에 엄마가 도와주는 것이다. 공부의 수준이나 양을 엄마의 기대수준이 아니라 아이가 원하는 수준으로 맞춰주면 아이는 쉽게 공부할 수 있다.

공부하기로 정한 시간에 예외를 두어서는 안 된다

아이가 "조금만 있다가"라거나 "나중에"라고 말하면 그것을 허용해서는 안 된다. 아이가 게으름을 부리고 싶어 하거나 미루고 싶어 할 때 엄마가 "나중에 해"라고 허용하면 아이와 정한 규칙은 무의미해지고 만다. 아이에게도 학습습관을 만들어주기가 어렵게 되므로 정한 규칙은 예외 없이 실천할 수 있도록 한다. 그러기 위해서는 공부시간을 정할 때 아이가 지킬 수 있는 합리적인 시간을 정해야 한다. 아이가 공부에 가장 집중을 잘 할 수 있는 시간과 엄마가 바쁘지 않은 시간을 골라서 아이의 공부시간으로 정한다.

어떤 일을 매일 해내는 일은 무척 어렵다. 아이가 자신이 정한 학습 양을 매일 일정하게 하려면 초등학생은 되어야 가능하다. 아직 취학하지 않은 어린 아이에게 학습 스케줄을 만들어 공부를 강요한다면 아이는 학습에 흥미를 잃어버리고 말 것이다. 유아 시기는 호기심을 채울 수 있도록 엄마가 자극을 주는 정도면 좋다. 학교에 들어가고 나면 매일 조금씩이라도 공부를 해낼 수 있도록 엄마가 적극적으로 도와주어야 한다.

엄마: 이제 공부할 시간이야.

선일: 조금만 있다가 할게요.

엄마: 지금 하기가 힘들어? 그렇지만 엄마랑 약속했으니까 공부하고 나서 놀자.

선일: 5분만 있다가 할게요.

엄마: 지금 해야 해. 엄마가 함께 도와줄게. 이거 금방 끝내고 나서 너 하고 싶은 거 하자.

선일: 네.

이렇게 아이가 공부를 미루고 싶어 할 때 말로 씨름하지 말고 함께 의자에 앉아 공부를 시작한다.

혼자 공부하게 하지 말고 엄마가 함께해야 한다. 문제를 읽어주고 잘 푸는지 확인해주기도 한다. 어려워하는 점이 있으면 쉽게 풀어서 설명도 해준다. 엄마와 함께하는 공부습관이 잘 형성되면 차츰 엄마의 역할은 줄어든다. 공부습관이 만들어지면 아이가 공부할 때 엄마는 옆에서 엄마가 읽고 싶은 책을 읽으면 된다.

유럽에서는 맞벌이 부부도 저녁에 퇴근하면 아이의 공부를 봐주는 것을 당연하게 생각한다고 한다. 아이가 그날 배운 것을 함께 복습하고 점검해주면서 아이와 소통하고 대화하는 시간을 갖으면 부모는 아이를 훨씬 더 많이 이해할 수 있게 된다. 부모가 아이의 공부에 관심을 가져주면 아이도 자기 공부에 흥미를 갖는다. 학원에만 아이를 맡기지 말고 아이가 하는 공부를 직접 함께 하면서 아이 공부를 도와주자.

한 번에 할 수 있는 공부 시간은 15분을 넘지 않도록 짠다

15분 안에 할 수 있는 학습 양을 정하여 아이가 '해냈다'는 성취감을 느끼도록 한다. 성취감이 쌓이면 공부에 대한 자신감으로 발전한다. 공부습관을 만들어가는 시기에 학습 양을 너무 많게 정하면 아이는 쉽게 지쳐버린다. 중요한 것은 얼마나 많이 했느냐가 아니라 정한 양을 다 했다는 성취감을 아이가 느끼는 것이다. 공부

습관이 만들어지고 나면 공부 시간은 자연스럽게 늘어난다. 아이가 의자에 앉아 있는 시간도 늘어난다. 아이의 능력 이상으로 오래 앉아 있게 해서는 안 된다. 아이를 잘 관찰하면 아이가 한 번에 집중해서 앉아 있을 수 있는 시간을 짐작할 수 있다.

공부습관이 전혀 만들어지지 않은 초등학교 4학년인 남자아이 진수는 5분 학습법을 실천하게 해주었다. 오래 앉아 있기가 힘든 아이에게 오랜 시간을 공부하게 하는 것은 무의미하다. 5분 공부하고 10분 쉬는 것을 3번 정도 반복하도록 정하고 꾸준히 실천한 결과 진수는 20분까지 앉아서 공부할 수 있게 되었다. 5분을 앉아 있을 수 있어야 10분, 20분도 가능해진다. 아이가 할 수 있는 시간의 양을 정해야 공부에 집중력을 발휘할 수 있다.

15분 안에 문제를 풀고 정답을 확인하는 것까지 끝낼 수 있게 학습 양을 정해야 한다. 다 끝내고 나면 쉬었다가 다시 15분 공부하는 식으로 공부 계획을 짠다. 너무 오랜 시간을 책상 앞에 앉아 있게 하면 집중력은 흐려지고 만다. 짧은 시간을 집중해서 공부한 뒤 쉬었다가 다시 공부하는 방식으로 공부습관을 만든다.

공부는 시간중심이 아니라 분량중심으로 짠다

무조건 15분 동안 앉아서 공부하기가 아니라 수학문제 10개, 책 5쪽 읽기, 단어 10개 암기 등 학습 양을 구체적으로 정한다. 만약 시간 내에 공부가 끝났다면 아이에게 잘했다고 칭찬하고 쉴 수 있도록 해야 한다. 시간이 남았으니 공부를 더 하라고 강요하면 아이는 공부를 집중해서 하려고 하지 않고 시간 때우기식 공부를 하게 된다.

매일매일 확인해주고 보상한다

아이가 매일 공부하는 습관을 들이기를 원한다면 엄마가 함께 노력을 기울여야 한다. 반복된 행동이 습관을 만든다. 공부를 했다가 안 했다가 하면 공부습관은 만들어지지 않는다. 매일 아이가 한 공부를 확인해주고 일주일 단위로 보상을 적절하게 해주면 아이는 공부의 동기가 강화된다. 칭찬, 격려, 작은 선물, 재미있는 활동 등을 섞어서 아이가 공부를 좋아할 수 있도록 동기를 강화시켜주자.

아이가 스스로 공부할 수 있기까지는 부모의 적절한 도움이 필수적이다. 공부는 저절로 되지 않는다. 공부뿐만 아니라 좋은 생활습관을 만들려면 반복적인 연습이 필요하다. 좋은 선수 뒤에는 훌륭한 코치가 있는 것처럼 엄마가 아이의 좋은 코치가 되어 공부하는 구체적인 방법을 알려주고, 안 되면 다시 한 번 할 수 있도록 격려하고 칭찬하면서 매일 '해냈다'는 기분을 느끼도록 도와주자. 아이 내면에 성취감이 쌓이면 공부는 스스로 할 수 있게 된다.

속진학습보다는
완전학습을 하게 하라

      조기교육의 열풍 속에서 수많은 교육 상품들이 쏟아져 나온다. 교육열이 남다른 우리나라 부모들은 남보다 내 아이를 더 잘 키우고 싶은 열망에 사로잡혀 하루라도 빨리 아이들을 교육하고자 이곳저곳을 기웃거린다. 요즘 엄마들은 아이 키우기가 너무 어렵고 힘들다고들 한다. 수많은 정보를 입수해야 하고 정보력에서 뒤지면 우리 아이가 도태될까봐 두려워한다. 아이의 학습 매니저가 되어 학습 플랜을 짜고 아이를 교육현장으로 이끈다. 아이들이 학습을 시작하는 시기는 점점 앞당겨져서 돌이 되기도 전에 아이들은 무언가를 배우기 시작한다. 두 돌 된 아이를 키우고 있는 어떤 젊은 엄마는 또래아이를 만나서 놀기가 쉽지 않다고 했다. 아이들이 벌써 무언가를 배우느라 시간을 내서 놀기가 어렵다는 것이다. 그런 아이들을 보니 자신의 마음이 조급해진다며 아무것도 안 하고 있자니 막연히 불안감을 느낀다고 했다.

아이의 뇌는 단계에 맞게 천천히 발달해야 아이가 안정적으로 자랄 수 있는데도 부모의 조급한 마음이 아이들의 뇌를 망가뜨린다. 그래서 요즘 정서장애를 앓고 있는 아이들이 걱정스러울 정도로 늘어나고 있다. 부모교육 프로그램에 참여하는 엄마들의 호소를 들어보면 상황이 심각하다. 교육에 참여하는 엄마들의 절반 이상이 정서장애 아동의 어머니인 경우도 있다. 어느 초등학교는 한 반의 아이들 가운데 3분의 1이 정서장애 아동이라는 통계도 있다.

무엇 때문에 아이들의 마음이 멍들어가고 있을까? 그 한 가지 이유는 과도한 조기교육으로 생긴 뇌의 불균형 때문일 것이다. 이렇게 뇌가 뒤흔들린 아이는 정상적인 발달을 해나가기가 어렵고 학습장애를 동반하게 된다.

좋은 부모라면 아이를 남보다 빨리, 남보다 많이 공부시키려는 성급한 욕심을 내려놓고 아이가 단계에 맞게 잘 발달해나가도록 충분히 도와줄 수 있어야 한다. 그런데도 부모의 정보력이 곧 아이 성공의 열쇠라고들 호들갑을 떨며 엄마들끼리 네트워크를 구축하는 데 신경을 곤두세운다. 아이에게 쏟아붓는 교육비 또한 만만치 않아서 부모의 스트레스는 더욱 증가한다. 아이 키우는 일이 버겁고 숨이 막히기까지 한다.

내 아이의 장래를 위해 더 좋은 교육 상품을 제공해주고자 하는 부모의 열망은 때로 큰 부작용을 낳기도 한다. 얼마 전에 투신 자살을 기도했던 한 여성에게 자살하려던 이유를 물으니 두 아이의 사교육비가 눈덩이처럼 불어나 빚을 감당할 수 없어 자살을 결심했다고 했다. 신문 보도에 따르면 부부가 이혼하는 사유 중 하나가 아이 사교육비 때문이라고 한다. 재정 형편을 고려하지 않고 아이에게 마구잡이로 교육비를 쏟아붓는 아내와 형편에 맞게 교육비를 줄이자는 남편과의 갈등이 깊어져 이혼에까지 이른다고 한다. 형편에 맞지 않는 조기유학을 감행했다가 가정이 파탄 나는 경우도 있다. '기러기 아빠' 라는 말이 있다. 경제상황이 좋은 아빠는 독수리 아빠이고, 형편이 빠듯한 아빠는 펭귄 아빠라는 말까지 한다. 이도저도 끼지 못하는 부모는 열등감마저 느끼게 된다.

내 주변에 아내가 아이들을 데리고 1년 예정으로 외국 어학연수를 떠나 남편은 기러기 아빠가 되었는데, 1년이 지나도 돌아오지 않는 아내를 5년간 기다리며 홀로 지내다가 결국 한국 생활을 모두 정리하고 가족이 있는 곳으로 간 아빠가 있다. 그는 한국에서 안정된 직장마저 포기하고 타국에 가서는 일용직 노동자로 전락해 있었다. 아내는 아이들 교육비를 대기 위해 세탁소에서 일하는 고달픈 생활을 해나가고 있다. 이 얼마나 무모한 선택인가? 자식 일이라면 물불 가리지 않는 부모에게 아이들은 과연 얼마나 감사하는 마음을 가지고 있을까?

힘들게 자식을 공부시키는 부모의 요구에 따라야 하는 아이들은 또 행복할까? 그 아이들 역시 고달프기는 마찬가지다. 부모가 힘든 만큼 아이들도 힘겹다. 자신의 능력 이상의 공부를 소화해야 하고, 자신의 흥미나 눈높이에 맞지 않는 과외 활동들에 아이들은 지쳐간다.

부모들은 아이와 부모 모두 행복하지 않은 이 공부와의 전쟁을 왜 선택할까? 자식이 나보다는 더 잘살고 행복하기를 바라는 소망 때문일 것이다. 그런데 아이러니하게도 힘들이고 공들여서 자식 교육에 투자하면 할수록 아이들은 공부에 흥미와 동기를 잃어간다는 것이다. 최근 서울의 사교육 열풍 1번지 지역에서 중학생 아이가 위암으로 사망한 일이 있었다. 위암은 청소년 암이 아니라고 한다. 아이가 얼마나 스트레스에 시달렸기에 위가 망가져버렸을까? 또 한 아이는 아파트 옥상에서 뛰어내려 자살했다. 학원이 가장 많은 지역에 소아정신과 병원 간판이 밀집해 있다. 이런 현상들을 보며 부모는 무엇을 깨달아야 할까? 아이를 위해 제공하는 각종 교육 상품이 과연 아이 자신을 위한 것인지, 아이의 진정한 행복에 기여하는지를 진지하게 생각해보아야 한다. 방향이 잘못되었다면 점검하고 바꾸어야 할 것이다.

아이에게 공부를 많이, 빨리 시키면 공부를 잘하게 될까? 많은 교육학자들은 고개를 젓는다. 무턱대고 앞서나가는 선행 위주의 공부는 아이의 눈높이에 맞지 않아 공부에 대한 흥미를 떨어뜨린다. 학원 위주의 공부는 아이들을 수동적으로 만든다. 자신의 능력에 맞게 스스로 선택한 공부가 아니라 일방적으로 주어지는 공부다 보니 아이들은 자발성과 주도성을 잃어버린다. 또 속진학습은 공부의 효율을 떨어뜨린다. 공부한 내용을 내 것으로 충분히 소화해내려면 반복을 통한 복습 과정이 반드시 필요한데 학원에서 배우는 진도 빼기식 공부는 앞서 배운 내용을 충분히 숙지하지 못하기 때문에 배운 내용을 거의 다 잊어버리게 된다.

공부는 결국 혼자 하는 것이다. 가르쳐주는 것에만 길들여진 아이는 스스로 배우는 능력을 키울 수 없다. 아인슈타인은 누가 가르쳐주어서 상대성원리를 발견해낸 것이 아니다. 배운 내용을 스스로 탐구하고 반복하는 과정이 있어야 심화된 공부를 할 수 있다.

배우기만 하는 공부는 절대로 자기 지식이 될 수 없다. 1시간을 배우면 3시간을 복습해야 하는 것이 공부 원리다. 잘 가르치는 선생님에게서 배우는 것만이 공부를 잘하는 지름길이 아니다. 공부는 스스로 원리를 터득하고 복습함으로써 반복해서 기억하고 암기해야 하는 과정이다.

에빙하우스의 망각곡선을 보면 배운 것을 24시간 이내에 복습하지 않으면 배운 내용의 70퍼센트를 잊어버린다고 한다. 한 달이 지나면 90퍼센트를 잊어버리게 된다. 학습은 '배우고 익힌다'는 뜻이다. 배우고 나면 반드시 혼자 스스로 익히는 과정이 따라야 한다.

스스로 배울 수 있는 기회를 아이에게 주지 않는다면 그 아이는 수동적인 사람이 되어갈 것이다. 사람은 스스로 배울 수 있도록 시스템화되어 있다. 수많은 반복과 시행착오를 겪으며 선조들은 위대한 발명을 많이 이루어내지 않았는가!

너무 빠른 길로만 가려 하면 아이들은 지친다. 공부는 속도전이 아니다. 자신의 단계에서 배워야 할 것을 충분하고 완전하게 익혀야 그다음 단계로 나아갈 수 있다. 학원을 선택할 때도 부모가 일방적으로 결정하기보다는 아이와 함께 상의하고 아이의 능력과 단계를 고려하여 아이가 받아들일 수 있는 방법을 선택해야 한다.

아이들은 매일매일 발전하고 향상된다는 것을 믿는다면 아이에게 빨리 하라고 다그치기 이전에 온전하고 충분하게 배워나갈 수 있도록 기다려주어야 한다. 달리는 말에 채찍질하듯 아이를 몰아세우지 말자. 대나무는 씨앗을 심고 5년이 지나도 줄기가 자라지 않는다고 한다. 5년이 지나면 한 달에 20센티미터 이상씩 쑥쑥 뻗어오른다. 땅속에 있는 5년간 땅 깊숙이 내린 뿌리가 튼실하기 때문에 더 많은 수액과 양분을 빨아올려 높이 자랄 수 있으며 그렇기에 대나무는 뿌리가 강해서 웬만한 비바람에도 쓰러지지 않는다.

아이에게 공부저력을 심어주려면 공부의 뿌리가 튼튼해지도록 천천히 배우게 해야 한다. 뿌리가 내리기 전에 줄기를 뽑아올리면 뿌리마저 뽑히고 말 것이다.

맺음말 | 내 아이는 이 세상에
하나밖에 없는 명품이다

　　자신이 누군가와 비교당할 때 느끼는 불쾌한 감정은 바로 유일성을 인정받고 싶은 본능적인 욕구 때문일 것이다. 아이들을 기를 때도 아이들 각자의 유일함을 인정해주고 본래 모습 자체를 존중해주어야 한다. 부와 명성을 얻어도 행복을 못 느끼는 이유는 내가 내 자신으로 살지 못하기 때문이다. 아이가 공부를 잘하고 엄마 보기에 어여쁜 자식일지라도 아이 자신이 행복해하지 않는다면 학업이나 다른 성취가 아이에게는 무의미하다.

　　한 사람 한 사람은 1천 조 중 하나의 확률로 탄생한 세상에서 유일한 존재이기 때문에 나 자신과 똑같은 사람은 이 세상에 한 사람도 존재하지 않는다고 볼 수 있다.

내 아이가 어떤 모습이든, 어떤 능력을 지녔든 아이는 그 자체로 소중한 존재다. 내 아이보다 더 예쁘고 건강한 아이와 내 아이를 바꾸겠느냐고 묻는다면 "예"라고 대답하는 부모는 없을 것이다. 그만큼 내 자식이 소중하기 때문이다. 그런데도 부모들은 수시로 다른 아이와 비교하며 아이에게 상처를 주기도 한다. 아이의 장점보다는 단점이나 부족한 점이 더 눈에 띄고, 내 아이보다 잘하는 아이를 보면 속이 상하고 아이가 미워진다. 부모는 아이의 자존감에 상처를 낼 권리가 없다. 선물로 받은 귀한 아이를 잘 보살피고 건강하게 자라나게 해야 하는 것이 부모의 역할이다.

나는 우리 아이에게 수시로 해주는 말이 있다.

"딸아, 너는 이 세상에 하나밖에 없는 명품이다."

나는 우리 아이가 돈으로도, 또는 다른 무엇으로도 환산할 수 없는 지극히 값지고 귀한 이 세상에서 유일한 명품임을 믿는다. 그래서 믿음대로 아이에게 이 말을 들려준다. 아이는 내 말을 들으면 몹시 행복해한다. 아이에게 걱정거리가 있거나 기운이 없어 보일 때 아이에게 주는 보약의 말이 바로 이것이다. 이 말을 들으면 아이는 금세 얼굴이 밝아지고 몸에 기운이 솟는다. 축 처져 있던 아이의 어깨에 힘이 생기고 행동에는 탄력이 붙는다. 그런 아이의 모습을 보는 엄마도 기분이 좋아진다. 그러면 나는 우스갯소리로 이렇게 덧붙인다.

"명품 딸을 낳은 사람이 누굴까?"

"명품 딸을 낳았으니까 엄마도 당연히 명품이지."

아이와 나는 서로 신나게 웃는다. 아마도 누군가 우리 모녀를 본다면 '자뻑'이라고 비웃을지도 모르겠다. 그러나 스스로 소중하게 여길 수 있는 사람은 자신을 귀하게 대접하며 타인에게 같은 태도를 보여준다. 아이가 자기중심적이 되지 않도록 부모가 균형을 잡아준다면 자신에 대한 자신감을 바탕으로 건강한 인간관계를 만들어갈 수 있다.

스스로 귀하게 여기고 자신에 대해 긍정적인 자아상을 가지고 있는 아이들은 자기통제력도 강하다. 일탈행동을 하지 않고 무책임한 행동을 자제할 수 있다. 성장과정에서 때로 고민하고 방황하겠지만 부모의 지극한 관심과 사랑 속에서 자신의 할 일을 알고 제자리로 돌아올 능력이 있다.

부모가 아이를 존재 자체로 존중하고 인정해주며 아이에 대한 신뢰를 바탕으로 스스로 해낼 수 있다는 믿음을 보여준다면 아이는 미래의 주도적인 리더로 성장해나가게 될 것이다. 이 책이 부모의 긍정적인 에너지를 충전시켜주는 도우미가 되기를 바라며 부모의 힘이 아이 성장의 자양분이 되어 아이들 각자가 자신의 꿈을 일궈내기를 기원한다.